녹색소비와 교통소비문화

서정희 · 복미정 · 조윤미 · 정윤선

UUP.

녹색소비와 교통소비문화

- 2013년 12월 06일 초판 인쇄
- 2013년 12월 13일 초판 발행
- 지은이 서정희, 복미정, 조윤미, 정윤선
- 펴낸이 이철
- 펴낸곳 UUP(울산대학교출판부) 680-749 울산광역시 남구 대학로 93(무거동) 울산대학교 출판부
- 전화 (052)259-2488 팩스 (052)277-3011 ▪ 홈페이지 http://uup.ulsan.ac.kr
- 출판등록 제370-1996-000001호(1996.3.13)
- ₩ 7,500

ISBN 978.89.7868.327.2 (93330)

서 문

환경문제의 심각성으로 최근에는 자연의 훼손을 최소화하면서, 인류를 위한 소비활동인 '녹색소비'가 등장하고 있다. 생활의 불편을 감수하더라도 자발적으로 생활용품 재활용, 쓰레기 최소화, 자원 · 에너지 절약 및 친환경 제품 사용 등과 같은 일상생활 속의 바람직한 녹색소비문화 형성을 위한 운동을 함으로써 사람들 스스로가 또 다른 측면에서의 삶의 질을 높이기 위해 참여하고 있다. 이러한 시각에 입각하여 우리나라의 녹색소비문화와 더불어 교통부분에 대한 관심을 가지게 되었다. 2013년 6월 안정행정부 자료에 의하면 우리나라의 자동차 누적 등록대수가 약 19,160,337대이고, 자동차 1대당 인구수는 2.66명이며, 작년 대비 1.5%가 증가하였다고 한다. 현대인의 필수품인 자동차에 대한 대중의 시각 변화, 국제적으로는 엔저현상과 자유무역협정(FAT) 관세인하에 따른 수입차 수요의 증가로 앞으로도 자동차의 등록대수는 지속적인 상승세를 보일 것이고, 곧 2,000만대 돌파가 눈앞에 다가올 것으로 예측된다.

저자들은 자동차 이용자들의 자동차 사용과 관련된 일반적인 특성, 자동차 관련 부품정비 및 정비서비스의 이용 형태, 자동차 정비관련 소비자들의 피해사례, 대중교통 서비스에 대한 이용자들의 만족도 등에 관심을 가지게 되어 자료를 수집하던 중 녹색소비자연대 조윤미 대표의 도움으로 자동차 관련 여러 가지 조사 데이터를 획득할 수 있게 되어, 함께 참여하였다. 또한 제 3장의 주유소 이용 실태와 관련된 자료는 서정희 교수가 한국소비자원의 T-gate 비교정보 생성과정에서 수집한 자료를 이용하였다. 본 저서는 이렇게 조사한 자료를 바탕으로 하고, 관련연구를 보완하였고, 상세한 실제 사례를 포함하였다.

본 저서는 울산대학교 서정희 교수의 제안으로 출발하게 되었고, 서정희 교수는 저서의 전체 구성과 내용을 체계화하였고, 관련연구와 분석된 자료에 관한 해석과 논의를 포함시켰다. 광주여자대학교의 복미정 교수는 책의 내용을 전반적으로 검토하고, 여러 사람들이 저술한 문장을 가능한 통일시키려고 노력하였고, 각종 표에 포함되어 있는 통계수치를 세밀하게 검토하였다. 녹색소비자연대의 조윤미 공동대표와 정윤선 정책국부장은 자동차와 관련된 자료를 수집하고 분석하였다.

제1장은 녹색소비와 관련된 개념과 현재 시행되고 있는 녹색소비정책 제도에 관한 내용이고, 제2장은 통계청의 자료를 바탕으로 우리나라의 교통과 관련된 녹색소비실천 실태를 포함하고 있다. 제3장에서는 자가용을 이용하는 958명의 소비자를 대상으로 조사한 주유소 이용 관련 실태를, 제4장은 전국의 673개 자동차정비업체를 대상으로 자동차 소모품 교체에 따른 비용과 관련된 자동차정비서비스 실태를, 제5장은 자가용 이용자의 정비서비스에 대한 인식조사 결과를, 제6장은 자동차 정비관련 소비자피해사례를 제시하였다. 마지막으로 제7장은 대중교통에 대한 이용자들의 만족도 조사 결과로 구성되어 있다.

이 책에는 자가용과 대중교통 이용자를 대상으로 한 다양한 조사 결과를 제시하였기에 보다 실증적인 우리나라 대중교통소비에 대한 기초 정보를 제공해 줄 수 있을 것으로 생각된다. 뿐만 아니라 정부나 지자체의 녹색소비 및 녹색소비제도 관련 정책 입안 시에도 도움이 될 것이다.

이 책을 내기까지 많은 사람들의 도움을 받았다. 한국소비자원의 주유소서비스 소비자 만족에 관한 T-gate 비교정보를 생산할 수 있도록 지원해준 한국소비자원, 비교정보를 수집하는 과정에서 연구원으로 함께한 전향란 박사와 울산소비자센터에서 일하고 있는 이아름에게 감사를 전하고 싶다. 또한 조사한 자료를 사용하게 해준 녹색소비자연대에도 고마움을 전한다. 무엇보다도 이 책을 출판하는데 아낌없는 도움을 주신 울산대학교 출판부에 무한한 감사함을 전하며 서문을 마친다.

목 차

1

녹색소비

정부가 녹색성장에 대한 의지를 밝혔고 미래 탄소배출권 시장의 성장성도 좋을 것이라는 분위기 때문에 2005~2006년 중소기업들 사이에서는 탄소배출권 투자 바람이 불었다. 당시 투자에 나섰던 기업들은 예상과 달리 투자자금 회수가 만만치 않았고, 탄소저감시설에 투자한 후 UN에 배출권 발급 신청을 해도 6단계에 걸친 인증을 3년에 걸쳐 받아야 했기 때문에 난감한 상황에 처했다. 이러한 어려움을 극복하고 신한금융투자가 탄소배출권을 담보로 전환사채(CB) 발행에 성공했다. 애물단지가 돼 버린 탄소배출권을 유동화 시키는 첫 사례를 만들어 향후 중소기업 자금난 해소에 기여할 수 있는 발판이 마련된 것이다.

증권가에 녹색금융 바람이 본격적으로 불기 시작한 것은 2007년이다. 당시 주로 풍력과 태양광 등 신재생 에너지 발전 사업을 하는 기업과 관련된 파이낸싱 업무가 녹색금융의 주를 이뤘다. 그러나 발전사업의 경우 전방산업을 대부분 외국기업들이 주도하고 있고 투자회수 기간도 5년 이상 걸렸다. 목표수익률도 증권사들이 자기자본 투자를 하기 위한 수준까지는 나오지 않았다. 녹색산업과 금융의 '시각차'가 존재했던 것이다. 때마침 정부에서도 신재생에너지 발전 사업에 대한 보조금 제도를 줄이고 발전차액지원제도로 방향을 틀었다. 결국 대다수 증권사들은 녹색금융 관련 사업을 접었으나 신한금융투자는 포기하기 싫었다. 당장 눈앞의 수익은 잘 보이지 않지만 녹색금융의 성장성은 여전하다고 판단했기 때문이었다.

녹색금융 중에서 탄소배출권 사업은 투자기간도 3년 정도로 배출권 발급 이후 바로 유럽 등의 탄소배출권 시장을 통해 투자금 회수가 가능하다. 해외의 경우 차익거래(아비트리지)를 통해 배출권 발급 전 단계, 즉 인증 단계에 있는 프라이머리 배출권도 매매가 가능하다. 국내의 경우 탄소배출권에 투자하는 투자자들이 많지 않다보니 프라이머리 배출권은 유동화가 힘든 상황이었다. 중소기업들이 난감한 상황에 빠지는 것도 이 때문이었다. CB 발행을 통해 성장성이 유망한 중소기업들의 자금난을 덜어줄 수 있었다는 것이 가장 큰 의미라고 관계자는 말했다(머니투데이, 2011년 9월 20일).

1. 녹색소비의 의의

녹색소비는 물질적 풍요나 편리성을 가능하면 덜 추구하고 사회 생태학적 면에서 환경을 보전하고 생태계 균형을 위하여 공해물질을 가능하면 적게 배출할 수 있는 상품을 소비하여 거시적인 면에서 소비자의 삶의 질을 향상시키기 위한 구매, 사용, 처분의 전 과정의 소비활동이라고 정의할 수 있다. 즉 소비자 개인의 측면에서 보면 녹색소비는 불편할 수 있지만 내가 살고 있는 공동체를 보존하고 후손에게 물려주기 위하여 그 불편을 기꺼이 감수하는 소비활동이라고 말할 수 있다. 자발적으로 대중교통이용, 쓰레기 분리수거, 자원절약, 친환경 제품의 구매 등은 사회 전체로 볼 때는 합리적이고 바람직한 행동이지만 개인에 따라서는 불합리하고 불편한 행동일 수 있다(이양수, 2009). 따라서 녹색소비활동의 목표는 인간과 생태환경을 지킨다는 새로운 가치기준에 입각해서 모든 기능과 목표를 인간의 삶의 질을 중심으로 한 접근에 의하여 소비의 개념을 재정립함으로써 소비의 사회적 책임을 달성하고자 하는 것이다(박명희, 2002).

1) 녹색소비역량

역량 개념은 1970년대에 직무수행과 관련되어 논의되고 사용되기 시작하였다. 직업세계의 구조가 변화되면서 높은 역량을 갖춘 인재가 필요하게 되었고, 가속화되는 노동시장에서 개인이 유연하게 대처하기 위해서는 다양한 상황에서 공통적으로 요구되는 핵심역량이 요구되고 있기 때문이다(임언 · 최동선 · 오은진, 2005). 역량은 넓게는 특정 영역과 과업에서 성공적으로 역할을 달성하기 위한 개인의 내재적 특성으로, 좁게는 지식, 기술부터 넓게는 동기나 태도까지 포함한다. 역량의 개념은 사회가 변화하면서 내용과 구성도 변화하고 있다. OECD(2003)는 지속가능한 경제성장과 환경, 사회적 통합과 같은 집단적인 도전과제에 직면하면서 개인이 갖추어야 할 역량도 특정분야에 한정된 기능을 넘어서서 더욱 복잡해진다고 보고, 인간의 삶의 질과 관련된 역량의 개념을 정의하였다(배순영 · 천현진, 2010). 역량은 필요한 내적 자원을 형성하고 행동에 영향을 미치는 환경변화를 수용하여 행동으로 구체화할 수 있는 힘의 총체를 의미한다.

녹색소비역량은 녹색소비를 잘 할 수 있도록 하는 잠재적, 실천적 능력으로 소비의 전 과정에서 생태적 측면과 경제적 측면을 고려하여 소비자역할을 효과적으로 수행하는데 필요한 잠재적, 가시적 힘의 총체라고 볼 수 있다. 그러므로 녹색소비역량은 녹색소비와 관련된 효율적이고 책임 있는 의사결정을 할 수 있는 지식과 태도의 내적 역량과 사회적, 물리적 제반환경을 인식하고 수용하는 외적 역량 및 구매, 사용, 처분의 전 과정을 통해 행동으로 가시화될 수 있는 실천역량으로 구성될 수 있다.

이와 같은 녹색소비역량의 구성 체계는 <그림 1-1>과 같다. 내적 역량에는 지식과 태도, 외적 역량에는 사회적 여건과 물리적 여건이 포함되어 있고, 실천역량에는 구매, 사용, 처분 및 선도행동이 포함되어 있다(황은애 · 이경아, 2010).

〈그림 1-1〉 녹색소비역량의 구성 체계

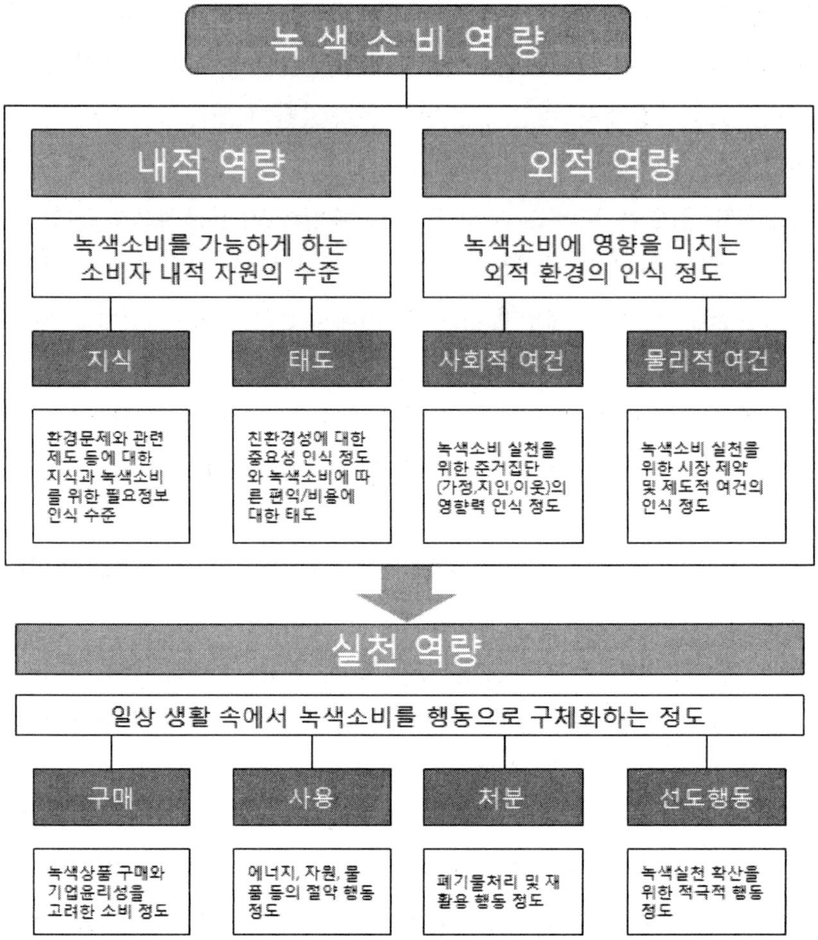

출처: 황은애 · 이경아(2010)

〈표 1-1〉 녹색소비역량의 지표 체계

대지표	중지표	소지표	측정요소
내적 역량	지식	환경문제 관련 지식	환경문제 원인과 결과에 대한 지식
		정책 및 제도 관련 지식	녹색소비관련 정책 및 제도에 대한 지식 녹색소비 실천운동에 대한 지식
		녹색소비 관련 지식	녹색 구매에 대한 지식 녹색 사용에 대한 지식 녹색 처분에 대한 지식
	태도	친환경성 관련 태도	환경보호 중요성에 대한 인식 생산과 소비 과정의 친환경성에 대한 인식
		편익에 대한 태도	개인적 편익에 대한 태도 사회적 편익에 대한 태도
		비용감수에 대한 태도	환경보호를 위한 추가비용 지불 의사 생활의 불편함 감수 의사
외적 역량	사회적 여건	준거집단	준거집단의 녹색소비의식과 실천
	물리적 여건	시장 제약	녹색상품 가격과 정보여건 녹색상품구색과 판매처
		제도적 여건	녹색소비관련법과 제도에 대한 홍보 녹색소비관련법과 제도의 시행
실천 역량	구매	녹색상품 구매	유해 · 오염물질 발생저감 제품 구매 에너지절감 제품 구매 재활용 · 재사용 제품 구매
		녹색윤리 고려	기업의 윤리성 고려
	사용	자원 · 에너지 절약	전기, 물, 가정연료 절약 자동차 연료 절약
		제품 절약	아껴쓰기 오래쓰기
	처분	폐기물 처리	쓰레기최소화 분리배출
		재활용	기부나 교환 수선이나 재사용
	선도행동	녹색실천선도	교육 및 캠페인 참여 적극적 선도행동

출처: 황은애 · 이경아(2010)

녹색소비를 실천하게 하는 과정을 고려한 지표체계는 <표 1-1>에 제시되어 있다. 녹색소비역량 지표의 체계는 녹색소비역량의 구성 체계를 기본으로 하여 대지표와 중지표, 소지표와 측정지표로 구성하였다. 첫 번째 대지표인 내적역량은 지식과 태도 등의 중지표로 구성되었고, 지식은 환경문제 관련 지식, 정책 및 제도 관련 지식, 녹색소비 관련 지식을, 태도는 친환경성 관련 태도, 편익에 대한 태도, 비용감수에 대한 태도 등을 소지표로 구성하였다. 두 번째 대지표인 외적역량은 사회적 여건과 물리적 여건 등의 중지표로 구성되었고, 사회적 여건은 준거집단을, 물리적 여건은 시장제약, 제도적 여건을 소지표로 구성하였다. 세 번째 대지표인 실천역량은 구매, 사용, 처분 및 선도행동 등의 중지표로 구성되었고, 구매는 녹색상품 구매와 녹색윤리 고려, 사용은 자원과 에너지 절약, 제품절약, 처분은 폐기물 처리와 재활용, 선도행동은 녹색실천 선도 등의 소지표로 구성되어 있다(황은애·이경아, 2010).

녹색소비와 유사하게 사용되고 있었고, 학문적 용어로 더 많이 사용되고 있는 용어가 환경 친화적 구매 또는 환경 친화적 소비이다. 환경 친화적 구매는 쓰레기를 줄이고 구매 상품의 재활용을 촉진하는 환경의식적 구매습관으로 정의되고 있다(Min & Galle, 2001). 미국 Deloitte 컨설팅이 발표한 자료에 따르면 그린제품은 8가지 특성이 있는데, 이 요소들은 물 사용량이 낮은 제품, 포장을 줄인 제품, 유기농 및 현지 재배 제품, 공정무역제품, 에너지 효율 제품, 생분해 가능한 제품, 무독성 및 휘발성이 낮은 유기화합물, 소재와 성분이 재활용 가능한 제품 등이다(최정은, 2009).

금지헌(2013)은 교육대학교 재학생의 녹색소비자행동에 환경에 대한 태도가 가장 중요한 영향을 미침으로 교사로 임용된 후 초등학교 현장에서 분리배출, 재활용품 만들기, 급식지도, 용돈기입장 쓰기와 같은 소비자교육을 실시할 교육대학교 재학생들에게 그 내용과 방법에 대한 학습도 중요하지만, 환경에 대한 전반적인 태도를 함양시키는 것이 더 중요하다고 하였다. 환경지식은 환경태도를 매개로 녹색소비자행동에 영향을 미치며, 직접적인 영향은 보이지 않았다.

녹색소비자 시장세분화를 연구한 신재욱·신민철(2012)은 각 유형별로 녹색소비자행동 활성화를 위한 제품전략을 제시하였다. 자아불분명/회의적 유형의 경우, 환경의식과 지식이 부족하고 자아성향이 불분명하며, 주로 소득이 적은 젊은 층이기에 유행에 민감한 제품 보다는 대중적이고 오래 쓸 수 있는 환경제품이 적합하다. 독립적 / 녹색소비주의 유형의 경우, 개인주의적 성향이 강하고 고소득자들이기에 개별성이 강한 고가의 브랜드 환경제품이 적합하다. 상호적 / 회의적 유형의 경우, 친환경에 대한 회의적인 생각은 있으나 타인을 배려하는 마음이 강하기에 편의적인 환경제품이 적합하다. 보편적 / 녹색소비주의 유형의 경우, 주로 중년층의 기혼자와 전업주부가 많으므로, 친환경 생활용품이 적합하다.

김효정(2011)은 대학생 소비자의 라이프스타일 유형은 녹색소비행동에 유의한 영향을 미친다고 하였다. 근검실천집단은 녹색소비행동을 대체로 잘 수행하고 있었으나, 무관심집단과 물질과시집단은 녹색소비행동을 대체로 잘 수행하지 못하고 있었다. 따라서 대학생 소비자들이 보다 실천적인 녹색소비행동을 수행하도록 하기 위해서는 획일적인 교육보다는 라이프스타일 유형에 따라 녹색소비에 대한 교육 내용을 다르게 구성할 필요가 있다. 예를 들어, 무관심 집단의 경우에는 자신에게 직접적인 피해가 없다고 환경에 대해 관심을 갖지 않는 것은 바람직하지 않으므로, 녹색소비교육에서 환경문제에 대한 관심과 환경보호에 대한 필요성이나 녹색소비행동을 해야 하는 본연의 목적을 강조해야 할 것이다. 한편 물질 과시 집단에게는 지나치게 물질에 집착하거나 과시적인 소비패턴을 지양하고 친환경적인 소비의식을 일깨우는 내용이 강화되어야 할 것이다. 또한 현재 대학생들은 물질적인 풍요 속에서 성장하여 새로운 것과 편리한 것을 추구하는 경향이 많으므로 올바른 소비가치관을 가질 수 있도록 하는 교육 내용도 강조되어야 할 것이다.

송학준·이충기·부숙진(2011)은 환경과 사회에 대한 관심을 잘 활용하면 축제도 훌륭한 환경 친화적, 사회 친화적 관광 상품이 될 수 있는 잠재력을 가지고 있으므로, 소비자의 환경 친화적 행동은 관광분야에서 환경 친화적 관광 소비행동으로 확대될 수 있다고 전제하였다. 자연기반 축제인 머드축제의 상황에 맞도록 기존의 계획행동이론에 환경관심, 지각된 소비자 효율성, 환경 친화적 관광 소비행동을 추가한 확장된 계획행동이론을 구축하여 방문객들의 축제 재방문행동에 대한 의사결정과정을 분석하였다. 특히 이 연구는 환경에 대한 방문객 인식이 자연기반 축제인 머드축제의 의사결정과정에 어떠한 영향을 주는지를 사회심리학적 관점에서 살펴본 결과 새롭게 추가된 환경관심, 지각된 소비자 효율성, 환경 친화적 관광 소비행동이 축제 재방문 의도에 직·간접적으로 긍정적인 영향을 미치는 것으로 나타났다.

환경 친화적 행동연구의 대표적인 패러다임은 Schwartz(1977)의 규범 - 행위 모형이고, 도덕적 규범의 내면화 과정을 통해 재활용 행동과 같은 친환경 행동을 설명하려는 연구들이 국내에서도 많이 시도되었다(김종호·정형식, 1997; 구동모, 2000; 서지영, 2005). 이 모형에 의하면 녹색소비를 가능하게 하는 요인은 환경에 대한 도덕적 규범을 개인에게 내면화하는 과정이다. 환경문제에 대한 심각성 지각은 환경 친화적인 행동 의도나 행동을 하게 하는 선행요인으로 개인적 규범이나 도덕적 의무를 활성화한다(Nordlund & Garvill, 2003).

오진숙·김정숙(2009)은 제주특별자치시에 거주하고 있는 청소년소비자를 대상으로 환경 친화적 소비행동이 사회 인구학적 요인과 환경문제 관련요인들에 따라 차이가 있는지를 분석하였다. 환경 친화적 구매, 사용, 처분 행동에 환경지식은 절약성, 과시성, 친환경성을 매개하여 간접적인 영향을 미치나, 환경활동경험은 직접적인 영향을 미칠 뿐 아니라 환경지식에 직접적인 영향을 미치고 있었다. 환경문제 심각성 인식수준은 환경 친화적 구매, 사용, 처분 행동에 영향을 미치지 않으나, 소비와 환경오염과의 관계인식 정도는 절약성, 친환경성을 매개하여 각각의 환경 친화적 소비행동에 영향을 미쳤다.

친환경제품의 구매의도와 관련된 연구를 살펴보면 환경의식과 환경인증의 관여도가 높을수록 구매의도가 높은 것으로 나타났다(Vlosky, Ozanne & Fontenot, 1999). 윤성욱·양연조·노정구·전중옥(2006)은 환경에 대한 지식, 소비자의 인식효율성, 그리고 환경에 대한 관심이 환경 친화적 소비행동과 상호 관련성이 있는지를 알아보는 연구가 있었는데, 환경지식은 환경 친화적 소비행동에 직접적인 영향을 미치는 것으로 나타났지만 소비자의 인식효율성과 환경에 대한 관심은 상호관련성이 없는 것으로 밝혀졌다.

장유정·박옥련·하종경(2006)은 의복추구혜택이 환경의식과 환경 친화적 소비행동에 미치는 영향을 분석하였다. 환경의식이 높은 집단은 의복을 구입할 때 사회적으로 인정받길 원하고 유명브랜드의 자신만의 개성을 표현하면서 편안함을 주는 의복을 선호하고 있었다. 유명상표이면서 자신만의 개성을 표현하고 의복의 편리성을 중시하는 소비자일수록 환경 친화적 구매행동을 많이 하고, 편안함을 많이 추구하는 소비자일수록 환경 친화적 사용행동을 많이 하고, 경제적 이익을 중요하게 생각할수록 옷을 처분할 때 재활용하거나 다른 이웃이나 친척들과 교환하는 등 환경 친화적 처분행동을 많이 하고 있었다.

2) 녹색상품 관련 표시 · 광고의 개념과 유형

(1) 녹색상품의 개념

2010년 4월 14일부터 시행된 「저탄소 녹색성장기본법」에서는 녹색제품을 에너지 · 자원의 투입과 온실가스 및 오염물질의 발생을 최소화하는 제품으로 정의내리고 있다. 또한, 현재 녹색상품은 주로 친환경상품 혹은 환경상품이라는 용어와 혼용되어 사용되고 있는데 「친환경상품 구매촉진에 관한 법률」 제2조에 따르면, 친환경상품이란 같은 용도의 다른 제품 또는 서비스(이하 상품)에 비하여 자원의 절약에 기여하고, 환경오염을 줄일 수 있는 상품을 의미한다. 이상의 법률에 근거한 개념에 기초해 볼 때, 녹색상품은 크게 에너지 · 자원 절약과 환경오염물질 감소의 두 가지 측면에서 다른 상품에 비해 우수성을 갖는 제품을 의미하고 녹색상품의 사용, 소비, 확산을 통해 자원낭비와 환경오염을 방지하는 것을 목적으로 하는 상품이다.

이밖에, 환경관련 개별법에 근거하여 확인할 수 있는 녹색상품은 먼저 「환경기술 개발 및 지원에 관한 법률」 제20조 제1항의 규정에 의한 환경마크 인증상품 및 동 인증기준에 적합한 상품, 자원의 절약과 재활용촉진에 관한 법률」 제33조 및 「산업 발전법」 제26조의 규정에 따른 우수재활용(GR) 인증상품 및 동 인증기준에 적합한 상품, 「에너지이용합리화에 관한 법률」 제15조의 규정에 따른 에너지소비효율등급표시제도에 의한 고효율상품, 「에너지이용합리화에 관한 법률」 제20조의 규정에 따른 대기전력저감우수제품으로 인정받아 에너지절약마크를 부착한 상품들로, 이들 모두는 녹색상품의 범주에 포함된다고 할 수 있다(윤경준, 2009). 미국은 1998년에 제정된 행정명령 13101 제 201항에서 친환경상품이란 ‘동일한 목적을 위해 사용되는 재화 및 용역과 비교하여 인간

건강과 환경에 대해 영향을 덜 주거나 저감할 수 있는 재화와 용역'을 의미하며 이러한 비교는 원료의 획득, 생산, 공정, 포장, 분배, 재사용, 운영, 유지 혹은 폐기에 이르는 전 과정의 모든 사항을 고려해야 함을 명시하고 있다(Executive Order 13101, 1998). 일본의 경우, 2000년에 제정된 '국가 등에 의한 친환경상품 및 서비스의 구매 촉진에 관한 법률' 제2조에 따르면, 친환경상품을 '환경 영향의 감소에 기여할 수 있는 원료와 부품을 포함한 재활용된 자원', '재화에 사용된 원료와 부품이 환경에 부정적인 영향을 감소시킬 수 있고, 재화를 사용한 결과 발생된 온실가스 등이 큰 환경 영향을 야기하지 않고, 재화의 전체 혹은 일부분이 쉽게 재사용되거나 재활용될 수 있어서 폐기물발생이 억제될 수 있는 재화', '기타 환경 영향의 감소에 기여할 수 있는 서비스, 예를 들어 환경 영향의 감소에 기여할 수 있는 상품을 활용하여 제공되는 서비스' 등의 세 가지로 규정하고 있다.

실정법상의 규정만 보면 우리나라보다는 미국과 일본이 제품의 전 과정 평가를 강조하는 친환경상품 정의를 명문화하고 있는 셈이다. 이처럼 전 과정평가의 관점을 적용할 때, 친환경상품이란 일반적으로 '원자재의 구매에서부터 생산, 유통, 사용 및 사용 후 폐기단계 등 제품의 전 과정에 걸쳐 보다 적은 자원과 에너지를 사용하며 인체와 자연에 영향이 적거나 없는 제품'으로 정의할 수 있다(윤경준, 2009).

이러한 정의는 환경상품이 상대성과 과학적 불확실성의 개념을 가지고 있음을 내포하고 있다. 환경상품의 상대성이란 동종의 다른 상품보다 상대적으로 우수한 환경적 효능을 가지는 것을 의미한다. 왜냐하면 어떤 제품이라도 환경에 완벽한 제품은 존재하기 어려우며 모두 에너지와 자원을 소모하고 제품의 제조, 유통에 따라 각종 폐기물과 환경오염을 유발하기 때문이다. 또한 환경상품의 과학적 불확실성이란 환경적 효능에 대해 과학적으로 논란의 대상이 되고 있음을 뜻한다. 예를 들어 천기저귀는 종이기저귀에 비해 쓰레기를 감소한다고 하지만 세탁에 따른 물과 에너지를 더 소비하는 문제를 발생시킨다.

이상을 종합해 볼 때, 녹색상품은 국내의 관련 인증제도에 의해 인증마크를 획득한 제품 뿐 아니라 '환경적인 측면의 상대성과 과학적 불확실성을 전제하여 제품의 전 과정에 걸쳐 적은 자원과 에너지를 사용하고 인체 및 환경피해를 줄이는 제품'으로 포괄적으로 개념화하는 것이 적절할 것으로 판단된다. 따라서 에너지 · 자원 절약과 환경오염물질 감소 등의 친환경적인 속성과 기능을 갖고 있고, 이에 대해 명확한 내용과 구체적인 근거를 제시한 상품은 모두 녹색상품 범주에 포함시키는 것이 바람직할 것이다.

어떤 상품이 녹색상품인지 좀 더 쉽고 구체적으로 파악하기 위하여 환경상품의 요건을 제시한 연구들이 이루어졌다. 노영화(1998)는 오염물질을 적게 배출하는 제품, 에너지를 적게 사용하는 제품, 물을 적게 사용하는 제품, 쓰레기를 적게 발생하는 제품, 유해폐기물을 적게 사용하는 제품, 생분해되는 제품을 제시하였다. 환경관련 표시 · 광고의 심사지침(1999)에서는 재활용가능, 재활용함유, 쓰레기감소, 에너지절약, 재사용 및 리필, 퇴비화, 생분해 등을 제시하였다. 한국녹색구매네트워크(2010)는 에너지효율이 좋을 것, 오염물질을 사용하지 않을 것, 재활용된 또는 재활용성이 좋을 것, 자연 상태에서 생분해가 잘될 것, 화학적 표백제나 방부제 등을 사용하지 않을 것, 천연성분의 재료로 만들어진 것일 것, 개발과정에서 동물실험을 하지 않을 것, 위기에 처한 생물을 이용하지 않을 것, 보충 및 재충전 가능할 것, 건강을 해치지 않을 것 등을 제시하였다. 노영화(1998)의 연구와 국내 환경관련 표시 · 광고의 심사지침(1999)의 기준보다 한국녹색구매네트워크(2010)의 녹색상품 요건이 좀 더 확대되어 있다. 예를 들어, 천연성분의 재료, 개발과정에서 동물실험을 하지 않을 것, 건강을 해치지 않을 것 등도 녹색상품의 요건으로 포함시켜 제시하고 있다(환경관련 표시 · 광고의 심사지침, 1999; 한국녹색구매네트워크, 2010: 이경아 · 황은애 · 김성천, 2010 재인용).

(2) 녹색상품 관련 표시 · 광고제도

녹색상품의 표시 · 광고 제도는 제품의 환경적 효능을 주장하기 위하여 '문구', '심벌', '제품명' 등을 통한 모든 표시 및 광고를 포함한다. 이 중에서 표시는 주로 제품 자체 또는 제품의 포장에 표시되는 것을 의미하며, 광고는 대중매체를 통한 표시행위이다.

녹색상품의 표시 · 광고 제도의 목적은 소비자의 구매에 필요한 제품의 환경적 효능에 관하여 정확한 정보제공을 하는데 있다. 이러한 녹색상품의 표시제도는 시장 기능을 활용하여 환경문제를 해결하려는 목적도 가지고 있다. 환경문제의 해결은 전통적으로 생산시설에 따른 배출물의 정화를 통하여 달성하는 사후처리방법을 주로 활용하여 왔다. 이와는 달리 시장기능을 활용하는 방법은 환경문제에 보다 근원적인 접근을 하는 것으로, 소비자들이 녹색상품을 쉽게 식별할 수 있도록 표시하여 소비자의 구매를 촉진하는 데 일차적인 목적이 있다. 소비자에 의한 녹색상품의 구매는 녹색상품의 생산을 촉진하고 나아가 환경개선을 이루어 환경문제를 해결하는 것이 가능할 것이다.

현재 녹색상품의 표시는 법령의 명시 여부에 따라 법령에 의한 표시와 업계 차원의 표시로 크게 구분된다. 이 중 법령에 의한 표시란 표시가 법에 의하여 명시된 것을 말하고, 업계 차원의 표시란 사업자단체 혹은 사업자가 자발적 의사에 의하여 자율적으로 한 표시를 말한다. 법령에 의한 표시는 초기에는 식품, 의약품 등 소비자들의 건강과 밀접한 관계가 있는 제품을 중심으로 부작용 · 위험표시로부터 시작되었으나, 점차 공산품까지 확대되어 지금은 부작용 · 위험표시 뿐만 아니라 품질, 성분, 제조자, 제조일자 등은 물론 거래조건까지도 표시가 의무화되고 있다.

법령에 의한 표시는 일반적으로 소비자의 상품식별에 필수적인 사항, 즉 소비자의 이익을 위한 것이 대부분이며, 표시방법(글자크기, 위치표시 등)도 품목별로 통일화되어 있는 경우가 많다. 반면, 업계차원의 표시는 대부분 사업자가 자신이 공급하는 상품을 선전 · 광고하기 위해 또는 신의칙상 요구되는 정보제공의무를 이행하기 위해 행해지며 표시방법에 어떠한 원칙이나 규제도 없다.

법령에 의한 표시 중 강제표시는 주로 안전성확보(주의, 경고, 부작용, 사용방법, 보관방법), 품질식별(효능효과, 성능, 연비, 소비전력, 원재료, 성분, 규격, 색상, 제조연원일, 유통기간, 유효기한, 함량), 신용도식별(제조자, 판매자, 수입업자, 원산지), 거래적정화(가격, 수량, 지불조건, 할인표시, 품질보증조건, 반품교환), 권리행사확보(철회권 행사방법, 사업자주소, 또는 소비자상담실 설치장소, 전화번호) 등의 목적으로 시행됨에 따라 환경과 관련한 정보제공의 목적으로 이루어지는 것은 극히 제한적이다.

〈표 1-2〉 녹색상품 표시의 분류*

구분		내용	해당(인증)표시
법령근거	강제표시	법령에 의거 소비자에게 제공해야하는 사항을 사업자에게 의무적으로 표시하도록 규정하여 표시하지 않으면 원칙적으로 생산 및 유통불가	에너지소비효율등급표시
	자율표시	소비자에게 제공하는 표시사항이 법령에 명시되어 있으나 사업자에게 의무성을 부과하지 않으며 상품의 성능, 품질 등의 기준을 설정하고 충족하는 상품에 인증을 통해 획득한 마크 표시	환경마크, 환경 성적표지, 친환경농산물 인증표시, 우수재활용인증마크, 에너지절약마크
업계차원	인증표시	법적 근거 없이 업계 자체적으로 평가절차와 인증과정을 거쳐 성능, 품질 등의 우수성을 인정받은 상품에 마크 등을 표시	웰빙인증, 로하스인증, Eco-Quality인증 등
	자가표시	상품의 품질, 성능 등 자사상품의 우수성을 부각하기 위하여 용어, 도안, 심벌 등을 활용하여 사업자의 자발적 의사에 따라 제시하되, 허위·과장적인 내용일 경우 사후 규제	공산품, 농산품, 유가공식품, 가전제품 등 다양한 품목에 걸쳐 표시

* 국가통합인증마크 http://www.kcmark.or.kr 등을 참고로 재작성함

출처: 이경아·황은애·김성천(2010)

<표 1-2>에 의하면 현재 녹색상품과 관련하여 법령에 근거한 표시 중 강제표시는 가전제품을 중심으로 부착되는 에너지소비효율등급표시가 유일하고, 임의표시로는 환경마크, 환경 성적표지, 우수재활용인증마크, 에너지절약마크 등 여러 유형이 있으나 인증마크를 획득한 제품은 품목별 일부 제품에 국한되어 있는 실정이다. 이에 반해, 소비자가 제품 구매 시 접하는 녹색상품의 표시는 대부분 업계 차원에서 제시하는 표시에 해당된다. 소비자가 구매 단계에서 제품의 용기나 포장 등에서 접하게 되는 표시는 대부분 업계차원에서 제시하는 인증표시와 자가표시로 제품선택에 큰 영향을 미치는 정보이다. 특히, 업계 차원에서 제시되는 표시는 공산품이나 농산물, 유가공식품, 가전제품 등 소비자의 소비생활용품 전반에 걸쳐 다양하고 광범위하게 나타나 실제로 소비자가 녹색상품을 판별하는 근거로 활용되기 때문에 이러한 자가 표시에 대한 제공원칙과 심사지침이 사업자에게 반영될 수 있도록 해야 한다(이경아·황은애·김성천, 2010).

3) 녹색상품 표시 · 광고의 원칙

녹색상품의 표시 · 광고는 소비자정보가 갖추어야 하는 요건과 일반적인 표시 · 광고의 원칙 등을 충족하면서 특수한 환경적인 속성과 효능에 대한 표시 · 광고의 원칙을 반영할 수 있어야 한다. 이러한 차원에서 앞서 제시한 바와 같이 소비자정보는 정보내용의 정확성, 정보제공의 적시성, 정보이용의 용이성, 정보전달의 공평성 등의 요건을 갖추어야 한다. 그리고 일반적인 표시 · 광고는 표시 · 광고내용이 진실한 지의 여부, 소비자에게 반드시 필요한 정보가 제공되어 있는지의 여부, 표시 · 광고에서 제시하고 있는 내용을 소비자가 이용하는데 문제가 없는지의 여부, 표시 · 광고의 전체적인 이미지가 소비자를 오도하는지의 여부 등 종합적인 원칙을 갖는다(박성용, 2004).

이를 바탕으로 하여 표시제도는 소비자에게 진실한 구매정보를 제공하는 것이 가장 중요한 목적이며, 과학적 불확실성과 전문성을 가지는 녹색상품의 특수성을 고려해볼 때 녹색상품의 표시 · 광고는 다음과 같은 원칙하에 운영될 필요가 있다.

첫째, 환경관련 표시 · 광고는 객관적이고 입증 가능한 근거를 가져야한다. 즉, 제품의 환경적 효능은 적절한 시험방법에 의해 입증이 가능하여야 하며, 입증될 수 없는 효능은 표시되어서는 안 된다. 또한 환경적 효능은 소비자가 알기 어려운 전문성을 가지므로 신뢰할만한 객관적 근거를 가지고 있어야 한다.

둘째, 제품의 환경적 효능은 구체적이며 이해 가능하도록 표시되어야 한다. 구체적이지 않은 애매모호한 제품의 환경적 효능의 표시는 소비자에게 혼란을 주게 된다. 예를 들어 단순히 절전효과가 아닌 절전율 몇 %로 명확히 표시해야만 소비자가 오인하지 않게 된다.

셋째, 제품의 환경적 효능에 대한 상당성을 가져야 한다. 즉, 환경에 상당한 정도의 영향을 미친다고 인정되는 사항을 전체적으로 적절한 표현과 수단을 통해 주장하여야 하며 소비자가 실제보다 과장되게 인식할 수 있도록 해서는 안 된다. 예를 들어 2%의 재활용에서 3%로, 재활용율을 향상시킨 제품이라도 종전보다 50% 더 향상시킨 재활용이라는 표시를 하게 되면 상당히 재활용방법을 향상시킨 것으로 소비자를 오인시킬 수 있다(노영화, 1998).

넷째, 제품의 환경적 효능의 대상과 분야를 분명히 해야 한다. 환경관련 표시·광고는 그 대상과 적용분야가 제품인지 혹은 포장 또는 그 일부 중 어느 것에 관한 것인지 명확하게 구별하여 제시해야 한다.

김경자(2011)는 녹색소비의 저해요인 중 하나가 소비자가 생각하는 녹색소비와 정부 및 시장에서 생각하는 녹색소비 사이의 괴리라고 하였다. 소비자가 인식하는 기후와 환경의 의미는 정책적으로 강조되는 기후 및 환경의 의미와 다르고 따라서 녹색소비의 의미도 많이 다르다. 녹색소비자정보를 대표하는 7개 마크인 에너지등급표시, 탄소 성적표시, 유기농식품마크, 환경 성적인증표시, 우수재활용마크, 재활용품분류표시, 에너지절약우수마크에 대한 소비자 인지도를 파악한 결과 50% 이상의 소비자가 대체로 잘 알고 있거나 아주 잘 알고 있다고 답한 마크는 에너지등급표시와 에너지절약 마크 등 2종이었다. 탄소 성적표시와 환경 성적인증표시, 우수재활용마크에 대한 인지도가 특히 낮았다. 탄소 성적표시는 제시된 정보를 읽어본 이후에도 그 의미를 제대로 이해하지 못하였고 '탄소'라는 용어 때문에 단지 생산과정에서 연료효율을 높인 제품 정도로만 인식하는 소비자가 많았다. 또한 재활용분류표시의 경우에도 마크 안에 있는 HDPE, PP, PET, LDPE라는 용어를 거의 모르고 있었고 단지 플라스틱 종류일 것으로 짐작한다는 응답이 다수였다.

이상을 종합해 볼 때, 녹색상품의 표시 · 광고의 경우 관련 용어 및 표현을 사용하기 위해서는 이를 입증할 수 있는 명확한 근거를 제시해야 하고 구체적이며 소비자가 쉽게 직관적으로 이해 가능한 내용이어야 하며, 환경적 효능의 대상과 분야를 분명하게 제시해야 한다는 대원칙을 충족하는 것이 필요하다(이경아 · 황은애 · 김성천, 2010).

4) 녹색상품 관련 표시 · 광고 현황

그린마케팅이 친환경 기업이미지 창출과 매출증가에 긍정적인 영향을 미치면서 상품에 친환경적인 이미지를 내세우는 기업들이 늘어나고 있는 추세이다. 이 중 겉으로만 친환경 정책 또는 이미지를 내세우면서 실제로는 친환경적이지 않거나 검증되지 않은 애매한 친환경활동을 그린워싱(Greenwashing)이라 한다. 이 용어는 학술적으로 검증되지는 않았으나 1991년 Mother Jones라는 잡지의 3/4월호에 처음 등장한 이후 언론에서 빈번하게 사용되기 시작하였다.

환경 친화적 소비자가 증가하면서 이를 이용하는 기업들의 그린워싱 활동도 증가하고 있다. 이러한 그린워싱 활동의 증가는 소비자들로 하여금 친환경성을 내세운 녹색상품을 오해해서 잘못된 구매 의사결정을 하도록 유도함으로써 소비자문제를 발생시키고 있다. 또한 정보를 제공받을 소비자의 중요한 권리를 저해하며, 추가 비용 발생, 신뢰와 책임의 문제도 야기하고 있다. 소비자에게 녹색소비행동을 멈추게 하는 요인이 될 수 있다는 점에서 더 큰 문제가 될 수 있다.

2009년 4월에 미국의 환경마케팅 조사업체인 TerraChoice사는 그린워싱이 저지르는 일곱가지 죄악(The Seven Sins of Greenwashing: Environmental Claims in Consumer Markets)이라는 보고서를 발표하였다. 7가지 죄악의 구체적인 내용은 다음과 같다.

① 트레이드오프 효과를 숨김(Sin of the Hidden Trade-off)
② 증거 불충분(Sin of No Proof)
③ 애매모호함(Sin of Vagueness)
④ 관련성이 없음(Sin of Irrelevance)
⑤ 사소한 거짓말(Sin of Fibbing)
⑥ 유해제품의 정당화(Sin of Lesser of Two Evils)
⑦ 잘못된 인증라벨에 대한 맹신(Worshiping False Labels)

호주 소비자단체인 CHOICE에서는 2010년 3월 그린워싱의 전형적인 사례로 LG전자의 양문형냉장고 에너지효율등급 허위표시 및 조작을 발표하고 소비자들이 추가로 전력비용을 지불하는 피해를 입었다고 주장하였다. 호주 ACCC가 조사에 착수하자, LG전자는 자발적 소비자보상 차원에서 비용 지급, 제품 교환, 전액 환불 등의 피해구제 대안을 제시하였다. 이와 같은 경우는 기업의 허위표시가 소비자에게 직접적인 손해를 발생시키고, 이에 대한 구체적인 배상으로까지 이어질 수 있는 대표적 사례로 주목받고 있다. 또한 호주 언론의 조사결과, 소비자들은 해당 제품의 구매의사를 철회하는 것을 넘어서 기업 브랜드 자체를 불신하는 것으로 나타났다.

국제소비자기구(Consumers International)에서는 2009년 12월, 'Bad Company Awards 2009' 수상 업체로 자사의 디젤자동차가 환경 친화적이라고 주장하는 Audi, 새 PC를 구입하라고 권하면서 새로운 운영체제 '윈도우 7'이 환경 친화적이라고 마케팅하는 Microsoft사, 석유회사로 재생 가능한 에너지를 강조하고는 있지만 정작 투자는 하고 있지 않고 있는 영국의 BP, 유럽의 저가항공사인 자사 항공기가 하이브리드 자동차보다 더 친환경적이라고 주장한 Easy Jet, 탄소배출에 관한 그린워싱 행위를 하는 화석연료산업계의 후원을 받는 단체인 CO2 is Green 등을 선정하여 발표하였다(이경아·황은애·김성천, 2010).

차경욱, 이은희, 유현정(2013)이 제품에 표시된 그린워싱을 분석한 연구에 의하면 가장 많은 비중을 차지한 그린워싱의 유형은 녹색주장을 뒷받침할 수 있는 근거정보를 찾아볼 수 없는 경우로 43.4%를 차지하였다. 예를 들면 성분과 함량, 비율 등을 제시하지 않고 친환경, 유기농, 인체 무해한, 재생자용 등의 용어를 사용하거나, 검증절차나 인증기준에 대한 정보를 제공하지 않고 무독성, 무자극, 무공해 등을 표시하였다. 또한 배출량, 절감량 등과 같은 근거정보를 표시하지 않고 오염물질 저감, 오존층보호, 청정 등의 문구를 사용하거나, 인증사유와 인증기관을 명시하지 않고 웰빙, 친환경을 표시한 마크를 사용했다. 28.9%는 사용된 용어와 문구의 정의가 광범위하고 정확한 기준이 없는 것과 같이 녹색주장의 내용이 모호했다. 자연, 내추럴, 순수, 에코, 오가닉 등이 해당된다. 법정인증마크나 업계자율인증마크와 유사한 도안을 사용하는 경우는 12.2%, 녹색주장의 대상이 상품인지 포장인지가 모호한 사례가 10.4%를 차지했다.

2. 녹색소비정책

1) 녹색소비 인센티브제도

(1) 탄소포인트제도

탄소포인트제도는 가정용과 상업용 등의 전기, 가스, 수도 등에서 온실가스를 감축한 실적에 따라 포인트를 부여하고 이에 상응하는 인센티브를 제공하는 것으로 현재 232개 지자체가 모두 도입하고 있고, 전국 129만 가구가 가입하고 있다. 서울시의 에코 마일리지제도, 광주광역시의 탄소은행제도, 안산시의 에버그린 환경인증제도, 과천시의 탄소포인트제도 등의 별도 프로그램도 시행되고 있다.

(2) 그린마일리지제도

그린마일리지제도는 판촉용 포장재 생산 등에 필요한 모든 비용 중에서 절감분을 유통업체를 통하여 소비자에게 포인트 형태로 제공하는 것이다. 소비자는 관련 제품을 구입할 때 포인트를 해당 유통업체에서 현금처럼 사용할 수 있다. 2008년 7월부터 2009년 6월까지 유통업체에서 판매된 제품의 판매가 2%에 해당되는 776백만 원의 그린마일리지가 부여되었다.

(3) 탄소캐시백제도

탄소캐시백제도는 에너지절감과 온실가스 감축에 동참하는 기업이 자사상품을 구매하는 고객에게 경제적 인센티브를 제공하는 것이다. 2009년 5월에 시범적으로 도입되어 콘덴싱보일러 등 에너지고효율 제품을 생산하는 28개 기업과 경상북도 등 지자체와 공공기관이 참여하고 있다. 에너지소비효율 1등급제품, 대기전력저감제품, 법령에 따라 저탄소상품으로 인정받은 제품, 리필표시제품, 저탄소실천매장, 금융기관 등이 해당된다. 탄소포인트는 탄소캐시백 및 OK캐시백 가맹점, 지자체 녹색사업, 대중교통결제, 지방세 납부 등에 사용할 수 있다(배순영, 2010b).

2) 우리나라의 녹색처분행동과 관련된 주요 제도

(1) 생산자책임재활용제도

생산자책임재활용제도(Extended Producer Responsibility: EPR)는 제품생산자나 포장재를 이용한 제품의 생산자에게 그 제품이나 포장재의 폐기물에 대하여 일정량의 재활용 의무를 부여하여 재활용하게 하고, 이를 이행하지 않을 경우 재활용에 소요되는 비용 이상의 재활용 부과금을 생산자에게 부과하는 제도이다.

이 제도의 기본 개념은 종전의 생산자들은 재활용이 쉬운 재질과 구조의 제품을 생산하여 판매하는 시점까지만 책임을 지고 사용 후 발생된 폐기물은 소비자의 책임이었으나, 이제는 사용 후 발생하는 폐기물의 재활용까지 생산자의 책임으로 범위를 확대하고 있다. 폐기물 재활용에 대한 법적 의무는 생산자에게 있으나, 생산자가 수거부터 재활용 전 과정을 직접 책임지라는 의미는 아니고, 소비자, 지방자치단체, 생산자, 정부가 일정 부분을 분담하는 체계로서 제품의 설계, 포장재의 선택 등에서 결정권이 가장 큰 생산자가 재활용 체계의 중심적 역할을 수행하도록 하는 것이다.

(2) 폐기물 부담금 제도

특정 유해물질 또는 유독물을 함유하고 있거나 재활용이 어렵고 폐기물관리상 문제를 일으킬 수 있는 제품, 재료 용기 등에 대하여 폐기물의 처리에 소요되는 비용을 해당 제조업자와 수입업자에게 부담하도록 하여 폐기물의 발생 억제와 자원의 낭비를 막기 위한 제도이다. 우리나라는 오염자부담원칙에 따라 1992년부터 이 제도를 시행해 오고 있다. 징수된 폐기물부담금은 환경개선특별회계에 납입되어 지방자치단체 등의 폐기물 처리비용 등에 사용된다.

(3) 빈 용기 보증금 제도

사용된 용기의 회수 및 재사용 촉진을 위하여 출고 가격과는 별도의 금액(빈용기보증금)을 제품의 가격에 포함시켜 판매한 뒤 그 용기를 반환하는 자에게 빈 용기보증금을 돌려주는 제도로 우리나라에서는 1985년부터 실시되었다. 빈용기는 일반적으로 사용되는 일회용 용기보다 친환경적이며, 회수, 세척 등의 처리과정에서 에너지 절약적인 측면이 강하다.

(4) 분리배출표시제도

자원의 재활용을 촉진하고 분리수거율을 높이기 위하여 자원의 절약과 재활용촉진에 관한 법률의 개정에 따라 2003년부터 분리배출표시제도가 시행되고 있다. 이에 따라 국민생활과 밀접한 소비재 생산자는 해당 제품과 포장재에 소비자가 쉽게 식별할 수 있도록 분리배출마크를 부착해야 한다.

(5) 폐기물 적법처리 입증정보 시스템

폐기물의 적정처리를 확인하기 위하여 폐기물의 발생현황과 처리과정을 볼 수 있는 전표제도를 시행하였으나, 전표성적에 따른 사업자들의 과도한 행정력 소요, 인계서 기록, 검토, 보관 및 통계관리의 문제점이 많아 이를 보완하고 개선하기 위하여 인터넷을 활용한 전자인계시스템인 폐기물 적법처리 입증정보 시스템을 개발하여 사용하고 있다(김영신 · 서정희 · 송인숙 · 이은희 · 제미경, 2012).

3) 그린에너지 패밀리(GEF)

지식경제부와 에너지관리공단에서 실사하는 그린에너지 패밀리는 에너지를 절약하고 효율적으로 이용함으로써 생산, 유통, 소비생활의 전반에서 온실가스를 줄이기 위한 녹색에너지 생활실천 네트워크이다. 기업, NGO, 지자체, 공공기관, 국민 등 모든 주체들이 특성에 맞는 프로그램을 선택하여 에너지 저감을 직접 실천하고, 실제 온실가스 저감 효과를 낼 수 있는 조직적인 범국민 녹색실천 네트워크이다. 에너지빼기 사랑더하기 캠페인, 그린 스포츠, 타이어 업 에너지다운, 그린마켓, 시민행동등록사업 및 에너지 고효율 제품 우선구매 협약 체결, 고단열 냉동 저온 창고 보급 협약 추진 등이 있다.

홈 에너지닥터 프로그램은 가전제품 A/S기사들이 가정을 방문하여 에너지 절약방법을 지도한다. 탄소중립 프로그램에서는 일상 활동에서 발생하는 온실가스를 측정하여 확인한 후에 일차적으로 발생량을 최대한 줄이는 방안을 실행하고, 불가피하게 발생된 온실가스에 대해서는 나무심기나 숲 가꾸기 등과 같은 일을 통하여 배출량을 '0'으로 만들기 위한 운동을 전개하고 있다. 탄소중립 프로그램을 운영하기 위해 탄소배출진단계산기를 마련하였고, 스마트폰 앱을 통하여 탄소배출진단서비스를 실시하고 있다.

4) 그린스타트 네트워크

〈그림 1-2〉 그린스타트 네트워크의 목표

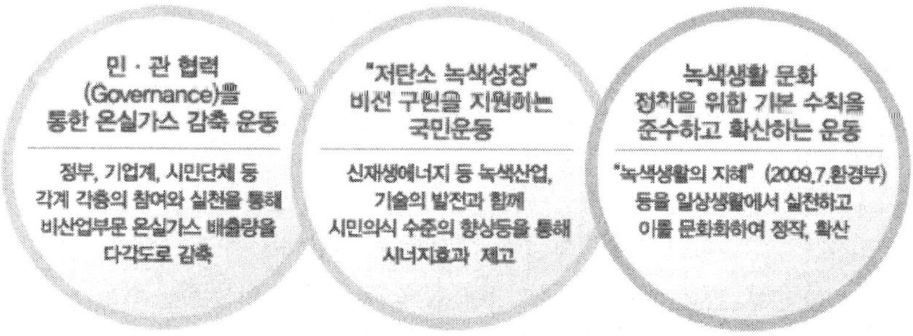

그린스타트 네트워크는 환경부가 주관하여 국민의 참여와 실천을 통하여 비산업 부분의 온실가스 배출량을 감축하기 위한 범국민 실천운동으로 2008년 그린스타트 전국 네트워크가 출범하면서 시작되었다. 그린스타트 네트워크는 저탄소 생활양식의 정착과 21세기 녹색시대를 선도하는 범국민 운동을 목표로 하고 있고, 전국 네트워크와 지역 네트워크로 구성되어 있다.

(1) 온실가스 줄이기 실천서약 운동

기후변화 대응의 필요성을 알리고 생활 속 온실가스 줄이기의 참여를 유도하기 위한 운동으로 온·오프라인을 통해 전개하고 있다.

(2) 그린 리더 양성 프로그램

그린 스타트 운동을 선도하고 저탄소 생활양식을 전파하기 위한 핵심적 역할을 수행하는 21세기형 녹색활동가인 그린 리더를 모집하여 육성하는 프로그램이다. 현재 16개 광역시 도를 중심으로 기후학교를 운영하고 그린 리더를 양성하고 있다. 온실가스 배출량을 진단하고 컨설팅을 제공하며, 지역주민을 대상으로 기후변화와 온실가스 감축 교육을 시행한다. 프로그램의 자세한 내용은 <표 1-3>의 환경부 그린리더 프로그램의 현황에 제시되어 있다.

〈표 1–3〉 환경부 그린리더 프로그램의 현황

구분	내용
양성방향	– 읍면동 단위로 운영 중인 지역단체를 중심으로 양성 – 직장, 매장, 식당, 학교, 군대 등 생활단위별로 양성
모집대상	– 모집대상에 제한이 없고 누구나 가능
교육방식	– 초급/중급/고급 과정별 교육과정에 기반하여 지역별 실시
교육내용	– 초급자는 기후변화 개요 등 3시간 – 중급자는 온실가스 진단 등 20시간(실습 포함) – 고급자는 기후변화정책, 교수법 등 32시간(실습포함)
주요활동	– 초급자는 다양한 프로그램 참여, 녹색생활 확산운동 추천 – 중급자는 가정방문 등을 통한 온실가스 진단 – 고급자는 그린리더협의체의 리더 역할
양성현황	– 지역리더: 8,867명 – 청소년리더: 3,602명 – 직장리더: 208명

출처: 황은애 · 이경아(2010).

3. 녹색생활 실천 전략

1) 국내 녹색가정 관련 실천프로그램 현황

여기에서는 환경부의 녹색가정 시범사업, 성미산마을의 저탄소 녹색가정 만들기 사업, 그린스타트 등 환경시민단체의 녹색가정 만들기 사업, 그리고 그린에너지 패밀리 네트워크의 그린패밀리 운동의 동향을 간략히 설명하고자 한다.

(1) 환경부의 녹색가정 만들기

환경부가 시범 실시 중인 녹색가정 만들기 사업은 2010년 환경부 업무계획안 및 녹색성장국가전략에 포함된 내용으로, 현재 안양시, 과천시, 아산시 등의 시범도시에서 실시 중이다. 이밖에 서울시, 안산시, 부천시, 순천시, 대구시 등에서는 지자체 단위로 관련 사업을 추진 중이다.

프로그램의 핵심은 저탄소·고효율 제품의 설치 등을 지원하여 일정기간 동안 탄소배출 저감성과가 인정된 가정에 대해 인센티브 등을 제공하여 녹색가정 활성화 유도로 온실가스를 감축하는 것이다.

각 가정의 지원항목은 고효율 제품 설치, 절수기 설치, LED 전구 교체, 단열재 설치 e-waste 수거(휴대폰 등) 등이고, 참여가구는 그린스타트 운동을 선도하는 녹색생활지도사인 그린리더를 통해 모집하며, 선발된 가정은 탄소배출진단 및 저감방법 교육을 받게 된다. 일정수준에 도달한 가정에게는 녹색가정 표식 및 탄소 포인트, 지자체 바우처 등을 인센티브로 제공하고 있고, 저탄소 제품 등의 구입·설치비용에 대해서는 국가, 지자체, 가정에서 각각 1/3씩 비용을 부담한다.

(2) 지자체·운동단체·마을의 공동 녹색가정 만들기 사업

성미산마을의 녹색가정 사업은 '저탄소마을 만들기'의 일환으로 추진되었다. 녹색마을의 핵심 사업이 '녹색가정'인데, 녹색가정에 참여하면 가정 에너지 진단에서 시작하여 멀티탭 및 스마트 계량기 제공, 녹색생활 교육도 받을 수 있다. 우수 가정으로 선정되면 녹색가정 문패도 달아준다.

성미산마을에서 제안하는 녹색가정의 필수항목으로는 전기, 가스, 수도, 쓰레기·재활용, 승용차 덜 타고 대중교통 이용하기 등이며, 선택 항목으로는 친환경·저탄소 제품 사용, 저탄소 식단으로 바꾸기, 대형마트 대신 지역시장 이용, 로컬 푸드 이용, 유기농 제품 이용, 주택 단열하기, 고효율·저탄소기기로 교체, 텃밭 가꾸기, 날마다 1가지 이상 저탄소 생활하기, 자전거 타기, 마을 햇빛 발전소 건립에 참여하기, 기타 저탄소 행동 실천 등이 포함된다.

(3) 그린스타트 등 환경시민단체의 녹색가정 만들기 사업

1997년부터 광주 YMCA, 경실련 등의 단체를 중심으로 '녹색 가정 만들기 캠페인'이 실시되었다. 개별 가정이 녹색가정캠페인에 등록하면 관련 자료가 우송되고, 캠페인 운동본부에서 제안하는 행사와 실천방법들을 수행하게 된다. 2~5개월 단위로 진행되며, 가장 중요한 프로그램은 에코체크(Eco-Check)이다. 에코체크는 에너지, 물 사용량을 매주 자발적으로 점검 및 체크하여 바람직한 사용방법을 모색하는 것이다.

(4) 그린 에너지패밀리네트워크의 그린패밀리 운동

2009년 7월 지식경제부·에너지관리공단의 주도로 추진된 그린 에너지패밀리네트워크는 녹색가정과 관련되어 다양한 프로그램을 운영하고 있다. 대표적인 것은 '홈 에너지닥터'로 가전제품 A/S 기사들이 개별 가정을 방문하여 에너지절약방법을 지도한다. 그리고 '탄소중립프로그램(Carbon Neutral)'은 일상 활동에서 발생하는 온실가스를 산정하여 자발적으로 상쇄 방안을 실행한다(배순영, 2010a).

2) 녹색생활 및 지속가능발전의 실현

녹색생활 및 지속가능발전의 실현을 위한 국가의 시책은 4가지의 기본원칙에 따라 추진되어야 한다. 첫째, 국토는 녹색성장의 터전이며 그 결과의 전시장이라는 점을 인식하고 현세대 및 미래세대가 쾌적한 삶을 영위할 수 있도록 국토의 개발 및 보전·관리가 조화될 수 있어야 한다. 둘째, 국토·도시공간구조와 건축·교통체제를 저탄소 녹색성장 구조로 개편하고 생산자와 소비자가 녹색제품을 자발적·적극적으로 생산하고 구매할 수 있는 여건을 조성해야 한다. 셋째, 국가·지방자치단체·기업 및 국민은 지속가능발전과 관련된 국제적 합의를 성실히 이행하고, 국민의 일상생활 속에 녹색생활이 내재화되고 녹색문화가 사회전반에 정착될 수 있도록 해야 한다. 넷째, 국가·지방자치단체 및 기업은 경제발전의 기초가 되는 생태학적 기반을 보호할 수 있도록 토지이용과 생산시스템을 개발·정비함으로써 환경보전을 촉진하여야 한다.

3) 녹색가정 관련 제도 및 사업

〈표 1-4〉 녹색가정 관련 제도 및 사업

생활 영역	관련제도 및 사업	목적	주무부처
가정 내 에너지 (주택)	탄소포인트제 본격 추진	전기, 수도, 가스에 대해 사용절감분에 포인트 제공	환경부, 지자체
	에너지가격체계 개선방안 마련	에너지 원가에 환경비용 반영	지식경제부
	홈에너지 닥터	가정 내 에너지 진단 및 정보 제공	지식경제부 에너지관리공단
	친환경주택 취등록세 감면	친환경주택 활성화	행정안전부
	기존 공동주택 에너지사용량 공개	우수단지 선정기준 마련 및 선정	국토해양부
	에너지 클리닉 서비스	가정 내 에너지 진단	서울시
	Zero 에너지 타운 조성	검단, 동탄2, 아산 신도시	국토해양부
쓰레기	소형폐가전제품 수거수수료 면제	소형가전 폐기물 수거 활성화	서울시, 지자체
소비재	녹색제품인증마크 제도	녹색제품 정보 인식 제고	환경부
	고효율제품/친환경매장 인센티브(탄소캐시백)	녹색제품 구매 액의 일부를 적립하여 포인트로 사용	환경부 지식경제부
	친환경상품매장 설치 의무화	친환경상품 보급 확산	환경부
식품	농식품 분야별 온실가스 산정을 위한 통계시스템 구축	로컬 푸드 및 친환경 푸드 정보 확장	농림수산식품부
종합	녹색가정인증제 사업	에너지절약제품 등을 무료 또는 저렴하게 제공하고 탄소배출을 절감하면 녹색가정으로 인증	환경부
	저탄소 녹색마을 녹색가정 사업	녹색마을에 걸맞은 녹색가정 추구	지자체 환경단체
교통	자동차 운행 요일제	자동차 배기가스감축, 에너지 절감	국토해양부
	자동차 요일제 운행 차량 자동차보험 할인	친환경교통 실천 인센티브 제공	행정자치부 서울시
	온실가스 배출 지역 통행료 부과	온실가스 대량 배출 지역 대중교통 권장	국토해양부
	전국 자전거도로 네트워크 구축	자전거 이용 활성화	행정안전부
	자동차세를 연비 또는 CO_2 배출 기준으로 부과	친환경 자동차 권장	행정안전부

출처 : 배순영(2010a).

현재 우리나라에서는 녹색성장 국가전략 및 5개년 계획(2009년~2013년)의 10대 주요과제 중 하나인 생활의 녹색혁명을 통하여 녹색소비를 실현하고 있다. 생활의 녹색혁명 추진과제에는 녹색소비 활성화, 녹색시민과 녹색가정 육성, 녹색마을 확대, 한국형 생태관광모델 개발 확산 등이 포함되어 있다. <표 1-4>에는 현재 각 부처 및 기관, 단체에서 실시되고 있는 녹색가정 관련 제도 및 사업을 생활영역에 따라 재정리하여 제시하였다.

4) 녹색생활 실천 지표

녹색가정, 녹색교통, 녹색커뮤니티 분야의 관심영역에 따른 실천지표를 <표 1-5>에 제시하였다.

〈표 1-5〉 녹색생활 실천지표

<table>
<tr><th>분야</th><th>관심영역</th><th colspan="2">실천지표</th><th>지표설명</th></tr>
<tr><td rowspan="8">녹색 커뮤니티</td><td rowspan="8">녹색 생활운동 활성화</td><td colspan="2">환경이슈에 대한 인식</td><td>주요 환경이슈에 대한 인식정도</td></tr>
<tr><td colspan="2">녹색생활 관련 제도 바로알기</td><td>녹색생활 실천에 도움이 되는 탄소포인트제도, 탄소성적표시제, 환경인증제도 등에 대해 알고 있는 인구 비율</td></tr>
<tr><td rowspan="4">직장에서 녹색생활 실천하기</td><td>개인 컵 사용하기</td><td>직장에서 일회용 종이컵 대신 개인 컵을 사용하는 인구 비율</td></tr>
<tr><td>대기전력 차단하기</td><td>직장에서 대기전력을 차단하기 위해 노력하는 인구의 비율
– 대기전력이란 전원을 끈 상태에서도 전기제품에서 소비되는 전력으로, 이를 차단하기 위해선 플러그를 뽑거나 멀티 탭을 꺼야 함</td></tr>
<tr><td>이면지 재사용</td><td>직장에서 이면지를 재사용하기 위해 노력하는 인구 비율</td></tr>
<tr><td>쓰레기 분리배출</td><td>직장에서 쓰레기를 종류별로 분리하기 위해 노력하는 인구 비율</td></tr>
<tr><td colspan="2">환경보호 부담금 지출의향</td><td>환경보호를 위한 부담금을 지불할 의사가 있는 인구의 비율</td></tr>
<tr><td colspan="2">환경 및 자연보호운동 참여</td><td>환경 및 자연보호운동에 참여하고자 노력하는 인구의 비율</td></tr>
</table>

분야	관심영역	실천지표	지표설명
녹색 가정	친환경 상품구매	환경마크 인증제품 구매하기	환경마크 인증제품을 구매하기 위해 노력하는 인구의 비율 – 환경마크 인증제품이란 동일 용도의 제품 중 생산, 유통, 사용, 폐기과정에서 환경오염을 상대적으로 적게 일으키거나 자원 및 에너지를 절약할 수 있는 제품임('92년 시행)
		저탄소 제품 구매하기	탄소 성적표지 등을 통해 탄소배출량이 적은 제품을 구매하기 위해 노력하는 인구의 비율 – 탄소 성적표지(탄소라벨링)란 물품의 생산–운송–보관–구매의 전(全) 단계에서 발생하는 온실가스 배출량을 이산화탄소 배출량으로 환산하여 부착함으로써 녹색소비를 유도하는 제도임('09년 시행)
		에너지 절약형 제품 구매하기	에너지소비효율등급 등을 통해 에너지 절약형 제품을 구매하기 위해 노력하는 인구의 비율 – 에너지소비효율등급이란 제품을 소비효율 또는 에너지 사용량에 따라 1~5등급으로 구성되며, 1등급은 5등급보다 30 ~ 40% 에너지를 절약할 수 있음('92년 시행)
		친환경농산물 구매하기	친환경농산물을 구매하기 위해 노력하는 인구의 비율
		지역 농산물 구매하기	거주지와 가까운 곳에서 생산된 농산물을 구매하기 위해 노력하는 인구의 비율
		식품첨가물 확인한 후 구매하기	식품을 구매하기 전에 식품첨가물을 확인하는 인구의 비율 – 식품첨가물이란 식품을 제조 · 가공 또는 보존하는 과정에서 식품에 넣거나 섞는 물질 또는 식품을 적시는 등에 사용되는 물질임
		리필 가능한 제품(세제류) 구매하기	내용물만 리필 하여 용기 등을 재사용할 수 있는 제품을 구매하기 위해 노력하는 가구의 비율
	에너지의 효율적 이용	대기전력 차단하기	대기전력을 차단하기 위해 노력하는 인구의 비율 – 대기전력이란 전원을 끈 상태에서도 전기제품에서 소비되는 전력으로 이를 차단하기 위해선 플러그를 뽑거나 멀티탭을 꺼야 함
		온(溫)맵시 실천하기 (내복 입기)	온(溫)맵시를 실천하는 인구의 비율 – 온(溫)맵시란 겨울철 체감온도를 높이기 위해 내복 등을 착용하는 것임
		고효율 가전기기(냉장고) 사용하기	에너지소비효율등급이 1등급(또는 최저소비효율달성률이 높음)인 고효율 가전기기(냉장고)를 사용하는 가구의 비율
		적정실내온도 유지하기	계절별 적정실내온도를 유지하는 가구의 비율 – 일반적으로 정부부처 및 에너지 관련 시민단체 등에서 제시하는 계절별 적정실내온도는 여름철 26도 이상, 겨울철 20도 이하임

분야	관심영역	실천지표	지표설명
녹색 가정	자원절약 및 재활용확대	물 절약 습관화하기	물을 절약하기 위해 노력하는 인구의 비율 - 양치 컵 사용, 샤워 짧게 하기, 물 받아서 세수하기 등과 같이 물을 절약하기 위한 습관을 말함
		재활용 쓰레기 분리배출	쓰레기를 종류별로 분리배출하기 위해 노력하는 사람의 비율
		프린터 카트리지 재사용하기	프린터 카트리지의 잉크 또는 토너를 리필(충전)하여 사용하거나 재생용품으로 교체하는 가구의 비율
	오염물질 및 폐기물감량	합성세제 사용 줄이기	수질오염의 주원인인 합성세제 사용을 줄이기 위해 노력하는 인구 비율
		음식물 낭비 줄이기	음식물의 취급, 저장, 요리 등의 과정에서 불필요한 낭비를 줄이기 위해 노력하는 사람의 비율
		장바구니 사용하기	시장이나 대형마트 등에서 장바구니를 사용하여 일회용 비닐봉지 및 종이봉투 사용을 자제하는 가구의 비율
녹색 교통	자동차의 경제적 이용습관 정착	요일제 참여하기	승용차 요일 제에 참여하는 가구의 비율 - 승용차 요일제란 특정요일에 승용차 운행을 자제하는 대신 대중교통수단 등을 이용하는 것을 말함
		차계부 작성하기	차량유지 및 관리 내용 등을 차계부에 기록하는 가구의 비율
		친환경운전습관 실천하기	친환경운전습관을 실천하기 위해 노력하는 인구의 비율 - 친환경운전습관이란 공회전 자제, 급출발·급제동 자제, 타이어 공기압 점검 등으로 에너지 소비를 줄이고 온실가스 배출을 줄이는 운전습관을 말함
	친환경 교통수단 이용	대중교통으로 통근하기	정기적으로 통근하는 사람을 기준으로 대중교통(노선버스, 전철·지하철, 기차)을 교통수단으로 이용하는 인구 비율
		자전거로 통근하기	정기적으로 통근하는 사람을 기준으로 자전거를 교통수단으로 이용하는 인구의 비율

5) 녹색생활 성과 지표

녹색가정, 녹색교통, 녹색커뮤니티 분야의 관심영역에 따른 성과지표를 <표 1-6>에 제시하였다.

〈표 1-6〉 녹색생활 성과지표

부문	관심영역	성과지표	자료출처 및 산출식
녹색 가정	친환경 상품구매 인프라	환경마크 인증제품(개)	· 한국환경산업기술원(www.keiti.re.kr)
		친환경농산물(채소) 생산비율(%)	· 국립농산물 품질관리원(www.enviagro.go.kr) · 통계청(농작물생산조사) 〈산출식〉 $\frac{\text{친환경농산물(채소) 생산량}}{\text{농산물(채소) 생산량}} \times 100$
		탄소 성적표지 제품(개)	· 한국환경산업기술원(www.keiti.re.kr)
	에너지의 효율적 이용	1인당 가정·상업 부문 최종에너지 소비량(toe)	· 에너지경제연구원(에너지통계연보) · 통계청(장래인구추계) 〈산출식〉 $\frac{\text{가정·상업부문 최종에너지 소비량}}{\text{총 인구수}}$
	자원절약 및 재활용확대	1일 1인당 물 사용량(ℓ)	· 환경부(환경통계연감, 상수도통계)
		생활폐기물 재활용률(%)	· 환경부(폐기물 발생 및 처리현황) 〈산출식〉 $\frac{\text{생활폐기물 재활용량}}{\text{생활폐기물 발생량}} \times 100$
	오염물질 및 폐기물 감량	1일 1인당 음식물쓰레기 배출량(kg)	· 환경부(폐기물 발생 및 처리현황) · 통계청(장래인구추계) 〈산출식〉 $\frac{\text{1일 음식물쓰레기 배출량}}{\text{총 인구수}}$
		1일 1인당 생활폐기물 배출량(kg)	· 환경부(폐기물 발생 및 처리현황) · 통계청(장래인구추계) 〈산출식〉 $\frac{\text{1일 생활폐기물 배출량}}{\text{총 인구수}}$ – 생활폐기물에 음식물쓰레기가 포함됨
녹색 교통	자동차의 경제적 이용습관 정착	1인당 수송 부문 최종에너지 소비량(toe)	· 에너지경제연구원(에너지통계연보) · 통계청(장래인구추계) 〈산출식〉 $\frac{\text{수송부문 최종에너지 소비량}}{\text{총 인구수}}$
		자가용 승용차 한 대당 1일 평균 주행거리(km)	· 교통안전공단(자동차 주행거리 실태조사)
	친환경 교통수단 이용	경차 등록비율(%)	· 국토해양부(자동차등록현황보고) 〈산출식〉 $\frac{\text{경차등록대수}}{\text{승용차등록대수}} \times 100$
		그린카 등록비율(%)	· 국토해양부(자동차등록현황보고) 〈산출식〉 $\frac{\text{그린카등록대수}}{\text{승용차등록대수}} \times 100$ – 그린카에는 하이브리드 및 전기차만 포함
녹색 커뮤니티	녹색 생활운동 활성화	탄소포인트제 가입비율(%)	· 환경부(내부자료) · 통계청(장래가구추계) 〈산출식〉 $\frac{\text{탄소포인트제도 가입세대수}}{\text{총 가구수}} \times 100$

6) 녹색가정 만들기 운동의 의의

가정이 녹색소비의 중심이 되면 소비자가 녹색소비를 실천하기가 보다 수월해지며(Defra, 2007; 이경아 · 황은애, 2009), 특히 녹색제품 구매나 녹색체험 확산에 효율적이다(배순영, 2010a). 1997년 민간단체를 중심으로 녹색가정 만들기 운동이 본격적으로 시작되었다. 초기의 녹색가정운동은 온 가족이 환경문제를 고민하고 물, 쓰레기 등의 에너지절약을 위해 가정에서 실천할 수 있는 활동만을 대상으로 움직였다.

다음 단계로 생태공원 탐방, 환경현장 견학, 먹을거리 문제와 연계한 텃밭 가꾸기, 지렁이 상자 분양, 집안 환경호르몬 점검, 재활용품 만들기 등 보다 다양한 영역에서 가족구성원들의 생태체험을 강조하는 활동이 전개되었다. 이 단계에서 녹색가정은 친환경적 생활을 하는 공동체, 즉 생태 가족적 의미가 부각되었다.

최근의 녹색가정운동은 기후변화 시대에 대응하는 저탄소 녹색가정의 개념이 강조되고 있다. 생활 속에서 CO_2 배출을 줄이는데 영향을 크게 미치는 에너지 절약과 녹색구매 등을 실천하는 가정이 중요한 의미를 가지게 되었고, 실천의 성과를 에너지절약 자체보다 탄소배출감축에 두고 스마트 미터기나 고효율 제품과 같은 녹색기술을 실천수단으로 활용한다는 점에서 초기의 운동과는 차별화된다고 볼 수 있다.

녹색생활을 실천하고 실질적인 생활비 절감효과도 누릴 수 있는 공공신용카드인 '그린카드'가 큰 인기를 끌며 소비생활의 유행으로 자리 잡고 있다. 그린카드를 발급 받고 가정에서 에너지 사용량을 줄이거나, 마트에서 친환경제품을 사면 포인트가 적립된다. 또 전국의 국립공원과 휴양림을 이용하면 할인 또는 입장료를 면제받는 등 11개 공공기관 153개 시설에서 할인혜택도 받을 수 있다. 이밖에 버스, 지하철, KTX 등 대중교통을 이용해도 포인트가 적립되며 이 모든 것들을 적극 실천하면 최대 연간 20만원까지 혜택을 볼 수 있다.

이처럼 많은 혜택 때문에 그린카드 출시 당시 금융위원회에서 특정 카드상품에 부여하는 혜택이 타 상품과 비교해 너무 과하다며 일부 조정할 것을 권고할 정도였다. 현재 그린카드는 비씨카드와 KB국민카드 등에서 상품을 출시해 대대적으로 홍보중이며 각 지자체와 농협중앙회 지부 등을 중심으로 꾸준히 출시되고 있다.

환경부는 그린카드 발급을 가속화하기 위해 혜택을 더욱 강화한다는 계획이다. 탄소 포인트 · 녹색소비 · 대중교통 이용 적립, 공공부문 할인 등 분야별 인센티브를 확대해 현재 연간 최대 20만원까지인 혜택 상한을 2013년부터 40만원까지 늘린다. 2011년 하반기까지 그린카드제 참여 녹색제품 제조 및 유통사를 100개 기업으로 늘렸고, 2010년 22조 규모였던 녹색제품 시장을 2015년까지 40조원으로 확대한다는 방침이다. 더불어 그린카드 소지자에 대한 대중교통 상해보험 할인, 녹색통장 플러스 이자 지급 등 다양한 녹색 금융상품도 출시할 계획이다(시티 신문, 2011년 9월 20일).

2
녹색교통생활 실천

대경대와 코레일 경산 관리역은 경산지역 내 '녹색철도운동' 붐 조성을 위한 이색 업무협약을 체결했다. 협약으로 두 기관은 녹색철도운동과 관련한 메시지를 연극이나 콘서트, 뮤지컬 패션쇼 등 대경대의 공연콘텐츠에 녹여내고, 매월 지역민을 대상으로 한 역사문화공연을 열어 녹색철도운동을 홍보하게 된다. 이들 기관은 공연콘텐츠가 메시지의 전달이나 파급력이 강한 만큼 이번 협약이 지역 내에서 녹색철도운동의 붐을 조성하는데 큰 도움이 될 것으로 보고 있다.

코레일이 추진하는 '녹색철도운동'은 친환경 교통수단인 기차 탑승을 독려하는 범국민 캠페인으로 기차 이용 시, 승용차 대비 이산화탄소 배출이 6분의 1 가량 적어 지구 온난화 현상 및 환경보호에 큰 도움이 된다. 김상호 대경대 산학협력처 단장은 "공연 콘텐츠는 메시지 전달력, 주목성, 파급력이 강한 매체라는 점에서 지역 내 녹색철도운동 붐 조성에 효과적"이라며 "대경대는 다양한 공연을 통해 캠페인 홍보에 나설 것"이라고 설명했다(한국경제, 2013년 6월 19일).

1. 자동차의 경제적 이용습관 정착

<표 2-1>에는 자동차의 경제적 이용 습관의 실천지표별 수준이 제시되어 있다. 자동차 운전습관 중 급출발 자제는 88.0%, 공회전 자제는 88.2%, 타이어 공기압 점검은 80.0%, 불필요한 짐 싣지 않기는 81.2%가 실천하는 것으로 나타났다. 자동차 휘발유 가격이 인상됨에 따라 소비자들은 주유비에 민감하게 되었고, 주유비를 줄이기 위한 운전습관을 가진 소비자들이 크게 증가했기 때문이라고 볼 수 있다. 외제차를 사는 사람들 중에서 기름 값을 아끼기 위해서 산다는 사람들도 많이 늘었다는 점을 함께 감안한다면 경제적 운전습관을 가지는 소비자들이 더 증가할 것이라고 예측할 수 있다.

그러나 경제적 운전습관에 비하여 훨씬 더 환경을 덜 오염시키는 방법인 요일제 참여는 17.5%, 차계부 작성은 28.5% 미만이 실천하고 있었다. 요일제 참여는 자동차 함께 타기 운동을 활성화시킴으로써 소비자들이 보다 편리하게 실천할 수 있다. 요일제 참여를 하는 운전자에게 지급하는 다양한 인센티브가 시행되고 있기는 하지만 소비자들에게 크게 다가오지 못하고 있다고 볼 수 있다. 차계부를 작성한 결과를 보면 운전자들이 자신의 운전습관을 객관적으로 평가할 수 있다. 그러므로 보험회사나 운전캠페인을 벌일 때 운전자를 대상으로 차계부를 작성하게 하고 자신이 주관적으로 평가한 운전습관과 실제의 운전습관을 비교해 보게 함으로써 의식과 태도, 행동의 변화를 유도할 수 있다.

<표 2-1> 자동차의 경제적 이용습관

(단위 : %)

	자동차 보유	요일제 참여	차계부 작성	평소 운전	<자동차운전습관> 급출발 등 자제	공회전 자제	<자동차 관리> 타이어 공기압 점검	불필요한 짐 싣지 않기
계	65.6	17.5	28.5	45.9	88.0	88.2	80.0	81.2
도시(동부)	66.1	19.7	28.9	45.8	88.2	88.5	80.0	80.4
농촌(읍면부)	63.4	7.1	26.5	46.3	86.9	86.8	80.0	84.8
남성	–	–	–	65.0	87.5	87.5	83.0	81.3
여성	–	–	–	27.8	89.0	89.6	73.3	80.9
200만원 미만	40.7	14.1	26.7	31.3	88.4	88.6	80.2	81.1
200~400만원	81.6	17.7	28.7	53.1	88.3	88.3	80.6	82.6
400~600만원	90.3	20.6	29.5	58.9	88.1	88.3	79.5	80.1
600만 원 이상	94.6	21.4	31.3	64.3	84.6	85.5	77.1	75.9
단독주택	50.2	12.5	26.1	36.7	88.4	88.2	80.9	83.1
아파트	80.2	19.0	30.6	55.5	87.8	88.5	79.3	81.0
기타	59.8	20.2	25.8	40.7	87.9	87.2	80.9	78.6
기후변화 심각함	–	–	–	46.8	88.4	88.4	80.3	81.4
기후변화 심각하지 않음	–	–	–	41.1	85.5	86.3	77.9	79.6

주) 지표별로 "그렇다" 고 응답하거나, "매우 또는 약간 노력한다" 고 응답한 인구(가구) 비율임

자료: 통계청(2011), 녹색생활조사.

1) 소비자 특성에 따른 요일제 참여 및 차계부 작성

요일 제에 참여하는 소비자는 도시는 19.7%, 농촌은 7.1%로 나타나 도시가 농촌에 비하여 약 2배가 넘었다. 요일제 참여는 소득이 200만 원 이하인 집단이 14.1%로 가장 작았고, 그 다음은 200-400만원 집단으로 17.7%, 400-600만원 집단은 20.6%, 600만 원 이상인 집단은 21.4%를 차지하여 가장 많았다. 소득이 많은 집단의 경우 가정에서 가지고 있는 차가 2대 이상인 경우가 있어서 이러한 결과가 나왔다고 볼 수 있다. 또한 저소득집단의 경우는 생계형 운전자가 많아서 요일제에 참여하기가 어렵다는 이유도 있다고 볼 수 있다. 주거형태별로 보면 아파트가 19.0%, 기타가 20.2%인데 비하여 단독주택은 12.5%로 가장 낮은 것으로 나타났다.

2) 소비자 특성에 따른 친환경 운전습관과 자동차관리 실천

자동차 운전습관과 자동차 관리는 소비자의 특성에 따라 크게 차이가 나지 않았다. 급출발 자제와 공회전자제는 도시가 농촌보다 약간 많았고, 타이어 공기압 점검은 80.0%로 동일했고, 불필요한 짐 싣지 않기는 농촌이 도시보다 약간 많았다. 급출발과 공회전 자제는 남성이 여성보다 약간 적었으나, 타이어 공기압 점검과 불필요한 짐 싣지 않기는 남성이 여성보다 약간 더 많았다. 소득이 600만 원 이상 집단이 다른 집단에 비하여 자동차관리에 약간 더 소홀한 것으로 나타났다. 급발진 자제는 기후변화가 심각하다고 생각하는 사람이 심각하지 않다고 생각하는 사람에 비하여 약간 바람직한 운전습관을 가지고 있었고, 자동차관리도 더 잘하고 있는 것으로 나타났다. 그러므로 소비자를 대상으로 기후변화에 관한 교육을 시행하고 기후변화가 가져오는 다양한 문제점을 매스컴을 통하여 홍보함으로써 보다 친환경적인 자동차 운전습관과 자동차관리를 하게 할 수 있다.

2. 친환경 교통수단 이용

2010년 노선버스, 전철 · 지하철, 기차 등의 대중교통을 이용하여 통근하는 사람은 27.0%로, 2005년 23.3%에 비해 3.7%p 증가하였다(단일 수단과 복합수단 모두 포함). 한편, 통근할 때 가장 많이 이용되는 교통수단인 승용차의 이용률은 2010년 42.6%로, 2005년 41.3%에 비해 1.3%p, 자전거를 이용하여 통근하는 비율은 2010년 1.5%로, 2005년 1.1%에 비해 0.4%p 증가하였다.

〈그림 2-2〉 2010년 통근수단별 이용률

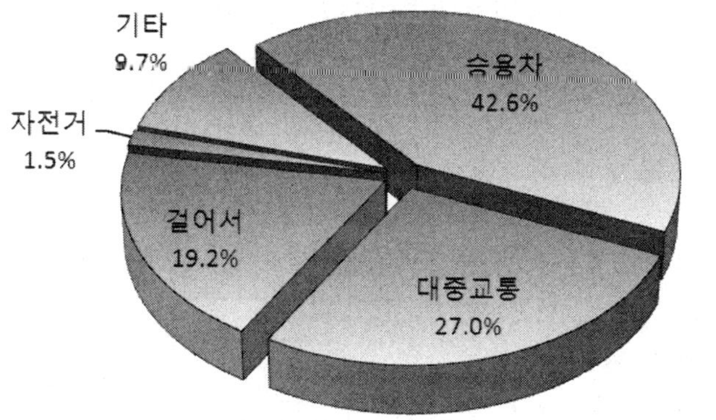

〈표 2-4〉 통근할 때 이용하는 교통수단

(단위 : %)

년도	계	단일수단						복합수단		
		소계	승용차[1)]	대중교통[2)]	걸어서	자전거	기타[3)]	소계	대중교통	기타
2005	100.0	97.0	41.3	20.5	24.2	1.1	9.8	3.0	2.8	0.2
2010	100.0	93.2	42.6	21.1	19.2	1.5	8.8	6.8	5.9	0.9

자료: 통계청(인구주택총조사, 해당연도)

1) 소형승합차 포함

2) 노선버스(시내 · 좌석 · 마을 · 고속 · 시외버스), 도시철도(전철 · 지하철), 기차

3) 통근버스, 택시, 오토바이 등 포함

3. 녹색 교통 부문 성과지표

<표 2-5>, <그림 2-3>, <그림 2-4>에 의하면 자동차의 경제적 이용습관 정착 영역에서 1인당 수송 부문 최종에너지 소비량은 2005년에 0.739에서 조금씩 증가하여 2007년에 0.765toe[1)]로 정점을 보인 후 2008년 0.736toe로 감소하였으나, 2009년부터 다시 증가하여 2010년에는 0.749toe를 기록하였다. 자가용 승용차 1일 평균 주행거리는 2000년에 44.2km에서 2004년에 40.6km에 이르기까지 조금씩 감소하다가, 2005년과 2006년에 조금씩 증가하여 2006년은 45.9km로 가장 많았고, 2007년과 2008년에 크게 감소하였고, 2009년에는 35.7km로 2008년에 비해서 0.2km 증가하였다. 친환경 교통수단 이용 영역에서는 경차 및 그린카 등록비율이 2011년 7월 말 각각 8.7%, 0.2%로 2008년 이후부터 꾸준히 증가하는 추세를 보이고 있었다.

〈표 2-5〉「녹색 교통」부문 녹색생활 성과지표

영역	성과지표	'05년	'06년	'07년	'08년	'09년	'10년	'11년 7월말	지표 성격	최근 추세
자동차의 경제적 이용습관 정착	1인당 수송 부문 최종에너지 소비량(toe)	0.739	0.756	0.765	0.736	0.737	0.749	–	–	↘↗
	자가용 승용차 1일 평균 주행거리(km)	44.3	45.9	40.9	35.5	35.7	–	–	–	↘↗
친환경 교통수단 이용	경차 등록비율(%)	6.8	6.5	6.3	7.5	7.9	8.3	8.7	+	↘↗
	그린 카 등록비율(%)	0.00	0.00	0.00	0.03	0.08	0.14	0.20	+	↗

* 경차 및 그린 카의 비율 산정시 차량 종류가 승용차인 경우만 집계함(승합, 화물, 특수차량 등은 제외)

자료: 에너지경제연구원(2010), 에너지통계연보, 통계청(2006),장래인구추계, 교통안전공단(2010), 주행거리실태조사, 국토해양부(자동차 등록현황 보고, 해당연도).

1) toe(Ton of Oil Equivalent)는 지구상에 존재하는 모든 에너지원의 발열량에 기초해서 이를 석유의 발열량으로 환산한 것으로 석유환산톤을 말한다. 각종 에너지의 단위를 비교하기 위한 가상단위라고 볼 수 있다. 1TOE는 1,000만kcal에 해당하는데, 석유의 단위는 배럴, 무연탄의 단위는 t(톤), 가스의 단위는 갤런 등으로 각 에너지원의 단위가 다르므로 이를 합계할 때는 통일된 단위가 필요하며 이를 위해 TOE의 개념이 사용된다. 예를 들어 석유 4억 배럴, 유연탄 3,000만t, 가스 5만 갤런 등을 소비한다고 할 때 이를 석유환산톤으로 표시하면 1억 5,000만 TOE가 된다(네이버 지식경제용어사전).

〈그림 2-3〉 자가용 승용차 1일 평균 주행거리(km)

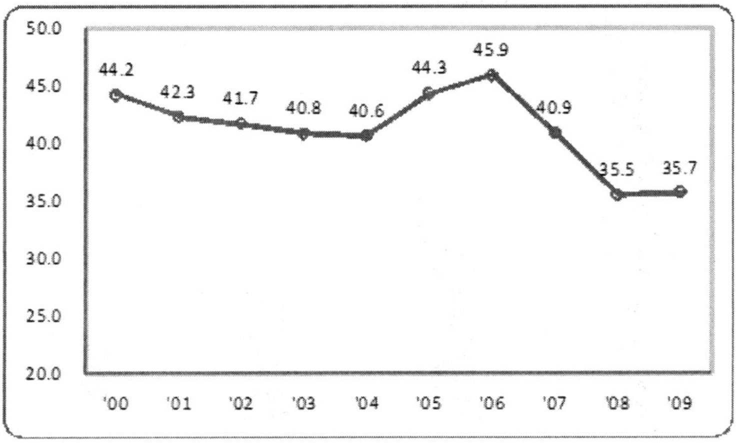

〈그림 2-4〉 경차 및 그린 카 등록비율(%)

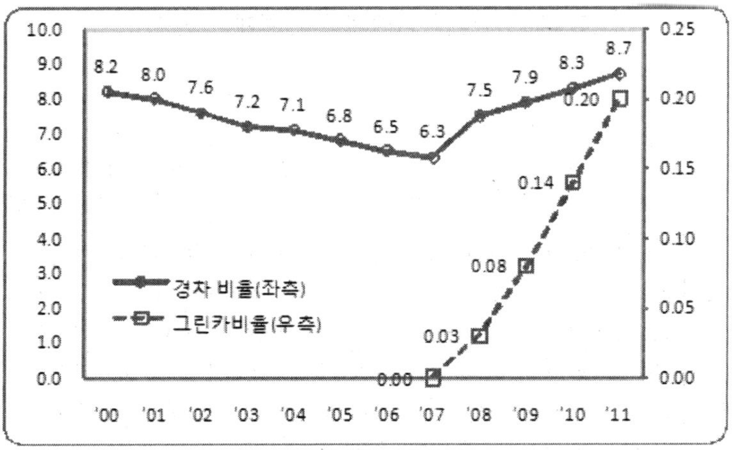

* 하이브리드 승용차와 전기 승용차만 해당함

4. 녹색생활 관련 제도 바로 알기

<그림 2-5>에 의하면 2011년 20세 이상 인구 중 녹색생활 실천에 도움이 되는 제도에 대해 알고 있다고 응답한 비율을 살펴보면, 에너지소비효율등급표시 72.7%, 환경마크 40.4%, 탄소 성적표지 28.0%, 탄소포인트제도 19.4%로 나타났

〈그림 2-5〉 녹색생활 관련 제도 인지율(%)

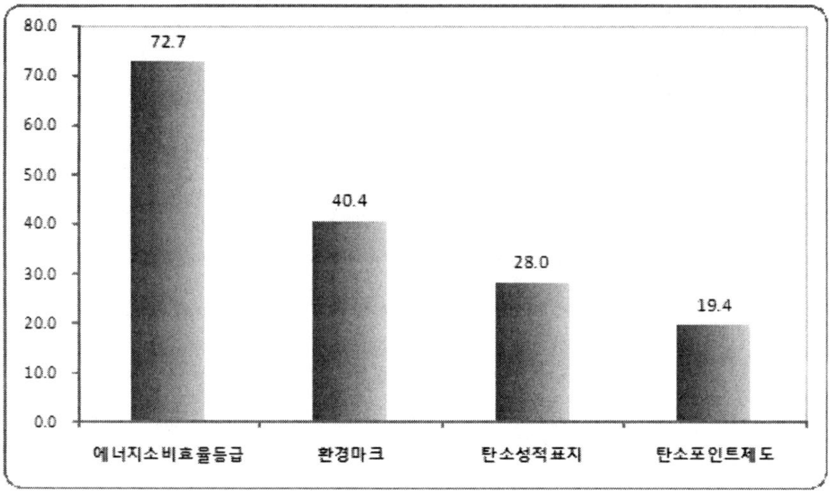

〈표 2-6〉 성별 녹색생활 관련제도 인지

(단위 : %)

		계	알고 있음	잘 알고 있음	조금 알고 있음	모름	들어 본 적은 있으나 잘 모름	전혀 모름
탄소포인트제도	계	100.0	19.4	4.7	14.7	80.6	30.7	49.8
	남성	100.0	22.4	5.6	16.8	77.6	32.9	44.8
	여성	100.0	16.6	4.0	12.7	83.4	28.7	54.7
환경마크	계	100.0	40.4	14.4	26.0	59.6	27.8	31.8
	남성	100.0	42.2	15.5	26.7	57.8	28.6	29.2
	여성	100.0	38.7	13.3	25.4	61.3	27.1	34.2
탄소성적표지	계	100.0	28.0	8.1	20.0	72.0	24.5	47.4
	남성	100.0	32.6	10.4	22.2	67.4	25.1	42.3
	여성	100.0	23.6	5.9	17.8	76.4	24.0	52.3
에너지소비 효율 등급표시	계	100.0	72.7	41.8	30.9	27.3	15.1	12.3
	남성	100.0	75.4	44.8	30.6	24.6	14.4	10.2
	여성	100.0	70.1	38.9	31.1	29.9	15.7	14.3

자료: 통계청(2011), 녹색생활조사.

다. 에너지소비효율등급표시를 제외한 나머지 제도를 알고 있는 응답자의 비율이 매우 낮았다. 환경부에서는 녹색생활 관련 제도에 관한 교육과 홍보를 보다 효율적으로 시행해야 할 것이다. 아무리 좋은 제도라고 할지라도 소비자들이 그 제도에 잘 모르면 실행할 수 없고 제도 자체가 유명무실해 질 수 있기 때문이다. <표 2-6>에 의하면 알고 있다는 응답이 탄소포인트제도의 경우 남성은 22.4%, 여성은 16.6%, 환경마크의 경우 남성은 42.2%, 여성은 38.7%, 탄소 성적 표지의 경우 남성은 32.6%, 여성은 23.6%, 에너지소비효율등급표시의 경우 남성은 75.4%, 여성은 70.1%를 차지하는 것으로 나타나서 남성에 비하여 여성이 녹색생활관련제도에 대하여 잘 모르고 있는 것으로 나타났다.

5. 환경보호 부담금 지출 의향

2010년 15세 이상 인구 중 환경보호를 위하여 부담금을 내는 것에 대한 찬성과 반대 비율을 조사한 결과 각각 30.5%, 30.6% 비슷하게 나타났다. 부담금 지출에 찬성하는 비율을 살펴보면, 연령별로는 10대가 33.2%로 가장 많았고, 20대 29.2%, 30대 29.1%로 가장 낮았다. 교육수준별로 부담금 지출에 찬성하는 비율을 살펴보면, 대졸 이상이 36.0%로 가장 높았고, 초졸 이하가 24.9%로 가장 낮았다. 그리고 월평균 가계소득이 많을수록 부담금 지출에 찬성하는 비율도 높아졌다.

안양시는 유류가격 안정화와 건전 유통질서 확립을 위해 베스트주유소 2곳을 선정한다고 18일 밝혔다. 이에 따라 시는 시민단체회원들로 평가위원 10명을 구성해 지역 내 주유소를 대상으로 주유 가격, 3년간 행정처분 사항 등을 종합 평가해 오는 12월에 선정할 계획이다. 선정된 주유소에는 베스트주유소 현판 부착과 함께 시 홈페이지에 홍보하고 매년 재심사해 관리할 방침이다. 시는 또 지역 내 전 주유소의 품질과 허용공차 등 성적서를 공개할 예정이다. 시 관계자는 “베스트주유소 선정과 성적서 공개로 지역내 주유서비스 개선에 큰 효과가 있을 것으로 기대한다”고 말했다(인천일보, 2013년 6월 19일).

〈표 2-7〉 환경보호 부담금 지출의향

(단위 : %)

	계	찬성			보통	반대		
			매우	약간			별로	전혀
2005	100.0	24.9	6.4	18.5	37.8	37.3	27.5	9.8
2008	100.0	33.5	7.9	25.6	36.4	30.1	22.5	7.6
2010	100.0	30.5	6.1	24.3	38.9	30.6	22.5	8.2
도시(동부)	100.0	30.6	6.0	24.6	39.2	30.2	22.3	7.9
농촌(읍면부)	100.0	30.1	6.8	23.3	37.3	32.6	23.2	9.4
남성	100.0	32.4	7.0	25.4	37.3	30.4	21.6	8.8
여성	100.0	28.6	5.3	23.3	40.4	30.9	23.3	7.6
15~19세	100.0	33.2	7.6	25.6	41.2	25.6	18.0	7.6
20~29세	100.0	29.2	4.8	24.4	39.6	31.2	22.5	8.7
30~39세	100.0	29.1	5.2	23.9	40.6	30.2	22.7	7.5
40~49세	100.0	31.7	6.7	25.0	38.1	30.2	22.8	7.4
50~59세	100.0	31.4	6.4	25.0	37.7	30.9	22.9	8.0
60세 이상	100.0	29.7	6.8	22.9	37.2	33.1	23.3	9.8
초졸 이하	100.0	24.9	5.1	19.8	37.9	37.2	26.4	10.8
중졸	100.0	29.4	6.9	22.4	39.4	31.2	22.1	9.2
고졸	100.0	28.5	5.3	23.2	40.3	31.2	23.4	7.9
대졸 이상	100.0	36.0	7.2	28.8	37.4	26.6	19.7	6.9
100만원 미만	100.0	26.1	5.6	20.5	37.6	36.3	24.1	12.2
100~200만원	100.0	26.8	5.3	21.5	38.5	34.7	25.7	9.0
200~300만원	100.0	28.9	5.6	23.3	41.3	29.8	22.7	7.1
300~400만원	100.0	32.0	6.7	25.3	40.0	28.0	20.9	7.1
400~500만원	100.0	35.9	7.0	28.9	38.7	25.5	18.3	7.2
500~600만원	100.0	39.0	7.4	31.6	34.3	26.7	21.1	5.6
600만 원 이상	100.0	42.3	9.3	33.0	36.0	21.7	16.5	5.2

자료: 통계청(사회조사, 해당연도)

3

자가용 이용 소비자의 주유소 이용행태

정부가 지하경제 양성화 대책의 일환으로 석유 유통망에 대한 감시 기준을 강화하자 주유소 업계가 강력 반발하고 있다. 정부는 현재 주유소의 수급상황을 1일 단위로 석유관리원이 점검할 수 있도록 하는 '석유수급정보 전산화', 주유소의 거래상황기록부 보고를 월간 단위에서 주간 단위로 변경토록 하는 내용을 담은 석유 및 석유 대체연료사업법(석대법) 등을 통과시켜 절차를 밟고 있다.

석대법상 '거래상황기록부 주간보고'는 주유소들의 거래 상황을 월간 단위에서 주간 단위로 바꾸도록 한 것이다. 정유사와 주유소의 판매량을 자주 비교해 가짜석유 유통으로 의심되는 주유소를 잡아내기 위한 것이다. 예를 들어 석유를 사들인 후 이물질을 섞어 가짜석유를 팔게 되면 석유 매입량과 매출량의 차이를 보고 비정상적인 유통행위를 잡아낼 수 있다.

주유소협회는 2013년 10월 2일에 '거래상황기록부 주간보고 반대 주유소업계 결의문'을 통해 정부를 강하게 비판했다. 주유소협회 관계자는 "현 정부가 손톱 밑 가시를 빼주겠다고 말하면서 주유소 업계에는 거래상황 보고 주기를 강화해 목을 죄고 있다"고 지적했다.

협회 측은 가짜석유 유통을 막기 위해서는 휘발유와 경유 등에 비해 세금 부담이 적은 등유와의 세금차이를 조정해야 한다고 주장하고 있다. 가짜석유를 만드는 용제를 만들지 않더라도 값싼 등유를 섞어 유사휘발유를 만들어 팔 수 있기 때문이다. 협회 측은 정부가 시행규칙을 바꾸지 않을 경우 거래 보고를 중단하고 시행규칙 효력을 정지하는 가처분 신청을 제기하는 등의 법적 대응에 나설 예정이다. 한편 석유관리원이 주유소의 일일 거래 상황을 파악토록 하는 석유수급 전산화 시스템은 이르면 내년 초에 시스템 구축작업을 완료해 가동에 들어갈 것으로 보인다(파이낸셜뉴스 2013년 10월 3일).

1. 주유소 서비스의 일반적 현황

SK 에너지, GS 칼텍스, 현대오일뱅크, S-OIL 등은 우리나라의 대표 주유소 브랜드로 꾸준히 시장을 형성하고 있다. <표 3-1>에는 정유사의 시장점유율이 제시되어 있다. SK 에너지는 시장점유율 1위로 매년 35~36%를 차지하며, 연도별로 큰 변화가 거의 없었다. 두 번째는 GS 칼텍스로 매년 26~28%의 점유율을 유지하고 있었다. SK 에너지와 GS 칼텍스는 약 60%의 시장점유율을 보였다. 이 밖에 현대오일뱅크는 매년 19%, S-OIL은 14~15%정도였다. 국내 정유사의 어떤 폴(브랜드)도 사용하지 않으며, 정유사 마크를 달지 않은 주유소인 무폴 주유소는 2007년에서 2009년까지는 1%의 비중을 차지하였으나 2010년 4%, 2011년 5%로 조금씩 증가하는 추세이다.

〈표 3-1〉 정유사 시장점유율(%)

년도	SK 에너지	GS 칼텍스	현대오일뱅크	S-OIL	무폴	전체
2007	35	28	19	14	1	100
2008	36	28	19	14	1	100
2009	36	28	19	14	1	100
2010	35	27	19	15	4	100
2011	35	26	19	15	5	100

출처: (사)한국주유소협회, 2011년 7월 기준

〈표 3-2〉 연도별 주유소 수의 변화 추이

(단위: 개)

년도	주유소 수	변화추이
2007년 12월	12,139	▲ 312
2008년 12월	12,498	▲ 395
2009년 12월	12,862	▲ 364
2010년 12월	13,003	▲ 141
2011년 1월	12,988	▼ 15
2011년 2월	12,983	▼ 5
2011년 3월	12,970	▼ 13
2011년 4월	12,950	▼ 20
2011년 5월	12,933	▼ 17
2011년 6월	12,917	▼ 16
2011년 7월	12,912	▼ 5

자료: (사)한국주유소협회, 2011년 7월 기준

<표 3-2>에서 전국의 주유소 현황을 보면, 유가 상승에 따라 주유소 기름값이 오르기 시작하자 2010년 10월 이후부터 주유소의 수가 증가하기 시작하여 2010년 12월 전국 주유소 1만 3,003곳으로 처음으로 최대에 이른 뒤, 2011년에는 매달 20여개 안팎으로 감소하고 있는 것으로 나타났다. 이는 과당 경쟁에 따라 폐업하는 주유소가 생겨났기 때문이다.

이후 전국의 주유소들은 감소하고 있는 추세이지만, 정부가 고유가 해결책으로 제시한 정유사 상표를 사용하지 않고 독자 상표를 도입한 개인이 운영하는 자가폴 주유소(무폴 주유소)만은 2011년 2월 기준으로 645개(전체에서 차지하는 비중 5.0%)에서 6월 744개(5.8%)로 증가하였다(경향신문, 2011년 8월 15일). 그리고 2009년 6월, 충북 충주 주덕농협에서 처음 문을 연 NH-OIL은 단기간에 급성장하여, SK 에너지, GS 칼텍스, 현대오일뱅크, S-OIL 등과 더불어 5대 주유소 폴로 자리 잡았다(농민신문, 2011년 8월 8일).

2011년 말 석유거래소의 전자상거래가 개설되어, 대규모 전자상거래가 활성화되면서 주유소는 앞으로 정유사를 직접 상대하지 않아도 기름을 구매할 수 있는 방법이 많아지게 된다. 특히 정부가 앞장서서 자가폴 주유소 설립을 유도하고 대안주유소가 자리 잡게 된다면 정유사폴을 단 주유소들은 가격 경쟁력에서 밀리게 되어 주유소의 감소는 더욱 빠르게 진행될 것으로 보인다. 정부의 자가폴 주유소 확대 노력으로 인해 앞으로 주유소 간의 가격경쟁이 심화되어, 브랜드가치를 이유로 가격을 높게 책정하는 정유사들의 공급가격이 타격을 입게 될 것이다.

〈표 3-3〉 전국 브랜드별 영업 주유소 현황 (2011년 2월 기준)

(단위: 개)

상표(폴)	SK에너지	GS칼텍스	현대오일뱅크	S-OIL	NH-OIL	기타	계
주유소 수	4,460	3,380	2,393	1,964	207	641	13,045

자료: 지식경제부(농민신문, 2011년 8월 8일에서 재인용)

<표 3-3>에서 2011년 2월 기준으로 전국 브랜드별 영업 주유소 현황을 보면 SK에너지가 4,460개로 가장 많고, GS칼텍스는 3,380개로 두 번째로 많았고, 현대오일뱅크는 2,393개로 세 번째로 많았고, S-OIL은 1,964개로 네 번째로 많았고, NH-OIL은 207개, 기타는 641개를 차지했다.

<표 3-4>에는 정유사별 주유소 평균 판매 가격이 제시되어 있다. 고급휘발유는 SK에너지가 1915.65원으로 가장 비쌌고, 무폴이 1836.00원으로 가장 저렴하였다. 보통 휘발유와 자동차용 경유도 SK에너지가 가장 비쌌고, 무폴이 가장 저렴한 것으로 나타났다.

〈표 3-4〉 정유사별 주유소 평균 판매가격

(단위: 원)

정유사	고급휘발유	보통휘발유	자동차용 경유
SK에너지	1,915.65	1,718.29	1,512.51
GS칼텍스	1,905.61	1,715.46	1,508.89
현대오일뱅크	1,912.71	1,699.51	1,489.44
S-OIL	1,897.73	1,700.96	1,490.95
NH-OIL	1,848.04	1,699.40	1,496.83
무폴	1,836.00	1,687.73	1,476.20

자료: 오피넷, 2010년 기준

2011년 7월 15일 소비자시민모임이 '정유사 100원 할인 종료 이후 주유소 휘발유 가격 인상요인 분석' 자료에 따르면 7월 첫째 주 주유소 폴별 마진은 시장점유율이 가장 높은 SK에너지(2010년 기준 35.9%)가 192.57원으로 가장 높은 것으로 나타났다. 이어 GS칼텍스가 129.06원, 현대오일뱅크가 102.59원, 에쓰오일이 121.96원 순으로 나타났다. 이들 4사의 평균 마진은 142.83원이었다. 소시모는 주유소 마진의 경우 지난 2010년 ℓ당 평균 97.06원, 2011년 1분기에 ℓ당 평균 99.88원으로 각각 파악했다. 그러나 주유소 마진은 지난 2분기부터 인상되기 시작해 6월 셋째 주 130.34원, 7월 첫째주 평균 142.83원까지 상승했다(<표 3-5> 참고).

〈표 3-5〉 주유소 상표별 휘발유 유통 마진(단위 원/ℓ)

구분	평균	SK에너지	GS칼텍스	현대오일뱅크	S-oil
2010년	97.06	111.38	95.84	83.46	86.70
2011년 1사분기	99.88	111.69	96.88	97.61	91.49
2011년 2사분기	118.96	145.29	113.70	98.63	102.40
6.3주	130.34	171.04	124.74	85.73	99.99
6.4주	122.04	162.93	120.88	81.60	99.25
6.5주	124.07	169.37	117.70	73.51	103.20
7.1주	142.83	192.57	129.06	102.59	121.96

〈자료: 소비자시민모임〉

소시모는 주유소들이 마진을 계속 늘려 소비자들에게 비싼 휘발유를 판매하고 있다고 지적했다. 또 2011년 4월 7일 정유사의 공급가격 인하 실시 이후, 주유소들이 이전에 비싸게 구입한 물량을 소진해야 한다며 짧게는 1주일, 길게는 한 달 이후에 가격을 인하했으나, 이들 주유소들이 가격할인을 마친 후에는 싸게 구입한 물량이 소진되기도 전에 유가를 인상하였다. 다시 말하면 주유소가 가격을 내릴 때는 천천히 내리고 가격을 올릴 때는 빨리 올리는 전형적인 '가격 비대칭성'을 보였다고 주장했다. 한국 주유소협회가 정유사의 가격할인 종료 이후에 정유사의 공급가격이 오르더라도 기존의 재고물량 소진 등 여건이

허락되는 경우 주유소 판매가격의 급격한 인상을 최소화하겠다고 발표했음에도 불구하고 이를 전혀 지켜지지 않고 있다고 반박하였다.

소시모는 할인을 마친 후 직영주유소의 가격 인상폭이 더 큰 것으로 분석했다. 4개 정유사의 100원 할인 종료 이후, 정유사 직영주유소의 가격 상승폭은 SK에너지의 경우 직영 주유소가 ℓ당 휘발유가격을 89.4원(7월 6일 1천936원 → 7월 13일 2천25.4원) 인상한 반면, 자영 주유소는 74.4원을 올렸다. 같은 기간 GS칼텍스 직영주유소는 66.6원을, 자영 주유소는 27.7원을, 현대오일뱅크의 경우 직영이 40.4원, 자영이 24.4원, 에쓰오일 직영이 9.5원, 자영이 28.6원을 각각 인상했다(<표 3-6> 참고).

〈표 3-6〉 직영 · 자영 주유소의 휘발유 판매가격(단위 원/ℓ)

상표명	SK에너지		GS칼텍스		현대오일뱅크		S-oil	
	직영	자영	직영	자영	직영	자영	직영	자영
4.6 (할인직전)	1,997.0	1,975.8	1,948.4	1,976.9	1,988.4	1,963.7	1,956.5	1,965.0
7.6 (환원직전)	1,936.0	1,880.4	1,912.3	1,896.7	1,883.7	1,882.7	1,894.0	1,880.7
7.7 (환원시작)	2,017.7	1,969.1	1,912.7	1,899.7	1,905.5	1,886.5	1,894.0	1,885.9
7.13	2,025.4	1,954.8	1,978.9	1,924.4	1,924.1	1,907.1	1,903.5	1,909.3
7.6대비	+ 89.4	+ 74.4	+ 66.6	+ 27.7	+ 40.4	+ 24.4	+ 9.5	+ 28.6

〈자료: 소비자시민모임〉

2011년 7월 13일 현재 지역별 주유소의 ℓ당 휘발유 가격은 서울(2천17.6원)이 가장 비싸고 이어 인천(1천956.6원), 경기(1천943.6원) 순으로 파악됐다. 전국 평균은 1천931원으로 대구(1천919원), 광주(1천906.7원) 등은 평균 이하로 저렴한 편으로 각각 집계됐다(아이뉴스24, 2011년 7월 15일).

이렇게 정유사들이 가격을 인상할 수 있었던 가장 큰 이유는 암묵적 담합이라고 볼 수 있고, 이러한 담합을 처벌하는 공정거래위원회의 역할이 미흡했다는 지적도 있다. 공정거래위원회가 '주유소 나눠 먹기' 담합 혐의로 주요 정유사에 부과한 과징금 규모가 실제보다 작게 책정된 사실이 감사원 감사를 통해 드러났다. 감사원이 2009~2011년 공정위가 다룬 공정거래법 위반 사건 처리

실태를 감사한 보고서에 따르면 2011년 9월 공정위는 5대 정유사에 '원적관리 담합'을 이유로 모두 4천326억3천만 원의 과징금을 부과했지만, 산정 과정에서 기준인 정유사들의 과거 법 위반 횟수와 매출액 등을 축소함으로써 전체 과징금 규모도 약 405억 원이나 줄어든 것으로 나타났다. 원적관리 담합이란 정유사들이 각각 기존에 보유한 거래처 주유소를 서로 침범하지 않기로 암묵적 합의를 하는 행위를 뜻한다.

5개 정유사 가운데 A정유사와 B정유사는 과거에 공정위로부터 5차례씩 시정 조치를 받아 과징금 가중치가 적용돼야 하는데도, 공정위는 조사 과정에서 A정유사는 3차례만, B정유사는 4차례만 시정 조치를 받은 것으로 계산해 가중 처벌을 피할 수 있게 했다고 감사원은 설명했다. 이에 따라 A정유사가 내야 할 과징금은 약 202억 원이, B정유사의 과징금은 약 128억 원이 각각 줄어든 것으로 나타났다. 감사원은 공정위에 대해 재발 방지와 관련자에 대한 주의를 요구했다.

그러나 공정위는 해명자료에서 "이들 회사의 과거 석유화학제품 담합 사건에서 사건 처리 목적상 세부품목별로 처리한 건을 하나의 위반 행위로 볼 것인지, 여러 개의 위반 행위로 볼 것인지는 현재 감사원과 공정위 사이에 판단상의 차이가 있는 부분으로 향후 재심 청구 등 이의 절차가 남아있다"고 반박했다. 감사원은 또 공정위 담당자 2명이 과징금을 매기는 주요 기준인 매출액을 계산하는 과정에서 3개 정유사의 신규 매출액을 누락, 3천846억 원이 축소된 매출액을 기준으로 과징금을 산정했다고 밝혔다. 이에 따라 이들 3개 정유사에 부과돼야 할 과징금도 약 19억 원이 줄어들었다.

감사원은 축소된 과징금을 해당 정유사에 부과하고 신규 매출액을 누락한 담당자 2명을 징계하라고 공정위에 요구했다. 이에 대해 공정위는 "담당자가 관련 매출액을 단순 실수로 잘못 옮겨 적어 신규 주유소 매출 분을 누락했지만, 공정위는 이를 스스로 인지해 적게 부과된 과징금 19억 원을 이미 재 부과했고 해당 업체도 납부 기한이 된 부과금에 대해선 완납한 상태"라고 말했다.

감사원은 또 지난 2010년 4월 7개 액화석유가스(LPG) 공급회사의 판매가격 담합에 대해 내려진 과징금 가운데 1개 업체에 대한 과징금도 약 55억9천만 원 적게 부과됐다고 밝혔다. 이 사례 역시 이 업체가 과거에 받았던 시정 조치 4회를 2회로 축소 해석해 과징금 가중치를 줄였기 때문이라고 감사원은 설명했다. 그러나 공정위는 "횟수 산정 기준을 의결일 기준으로 할지, 위반행위 발생일 기준으로 할지는 과징금 부과와 관련한 세부 기준고시의 해석에 대한 사항으로 감사원과 공정위 사이에 판단상의 차이가 있는 부분"이라며 "이 역시 앞으로 재심의 청구 등 이의 절차가 남아있다"고 말했다(연합뉴스, 2012년 5월 15일).

납세자연맹도 2010년 한국인의 구매력평가지수를 고려한 유류비가 OECD 평균의 2.4배에 달하는 데도 정부가 유류세 비중이 작다고 기만행위를 하고 있다고 주장하였다. 그러나 기획재정부는 납세자연맹이 발표를 위해 참고한 국제에너지기구 자료에 포함되지 않은 유로존 회원국들이 있었다며, 이들의 구매력 기준 휘발유 값을 모두 포함하면 우리나라의 휘발유 값은 OECD 평균에 1.44배 수준이라고 주장했다. 또한 산유국이 밀집되어 있는 중동지역 문제로 인해 휘발유 가격이 인상됐지만 국내의 상승률은 OECD 상승률 평균치를 밑돈다며, 지난해 휘발유 값은 OECD 평균의 1.42배로 낮아졌다고 밝혔다(문화저널21, 2012년 4월 4일).

정부의 정책으로 주유소 간의 가격 경쟁이 갈수록 치열해지면, 다른 주유소보다 앞선 고객 서비스 경쟁 또한 불가피할 것으로 보인다. 뿐만 아니라 날로 다양해지는 소비자의 개인적인 요구를 반영한 소비자 중심의 서비스를 제공하기 위한 노력이 필요할 것으로 보인다.

에너지경제연구원이 2010년에 소비자의 주유소 구매행태 설문조사를 실시한 결과, 운전자들이 주유소를 선택할 때 최우선으로 고려하는 사항은 가격으로 53.4%로 나타났다. 성별 및 연령, 소득 등에 걸쳐 가장 많은 응답자가 저렴한 가격을 최우선으로 꼽았다. 가격 다음으로는 주유소의 위치가 17.2%, 포인트 카드가 9.1%, 상표가 8.9%, 주유소 직원의 친절도는 3.5%, 주유소 서비스는 3.2%, 주유소의 편의시설은 1.1%에 불과하였다. 그러므로 소비자들이 주유소를 선택할 때 가장 중요하게 생각하는 기준은 가격이고, 주유소 직원의 친절도, 주유소 서비스, 편의점 등과 같은 요인은 거의 중요하게 생각하고 있지 않았다.

하지만, 셀프 주유소, 무폴 주유소, 대형마트 주유소의 이용률에 대한 설문 응답자의 49.2%가 셀프 주유소를 이용해 본 경험이 있다고 답했고, 향후 셀프 주유소를 이용할 의향이 있다고 밝힌 응답자는 77.5%로 나타나, 향후 확산될 가능성이 높은 것으로 조사되었다. 무폴 주유소의 경우 실제로 해당 시설을 이용해 본 운전자는 23.4%에 그쳤다. 가격이 저렴하다는 인식이 많았음에도 불구하고, 품질에 대한 운전자의 우려가 낮은 이용률의 원인이었다. 한편, 대형마트 주유소의 경우는 7.5%의 응답자만이 이용 경험이 있다고 답했다. 이는 대형마트 내에 주유소가 설치된 곳이 많지 않기 때문인 것으로 판단된다. 대형마트 주유소 역시 가격이 저렴하다는 인식이 우세했고, 이용을 희망하는 이유로는 시간이 절약되므로가 31.1%, 정량 판매에 대한 신뢰성이 4.1%, 품질이 좋을 것 같아서가 2.9%로 나타났다. 이에 따라 향후 이용하고자 하는 의향이 높게 나타나 대형마트 내 주유소 설치에 대한 찬반여부 항목에서는 64.9%의 응답자가 찬성하는 것으로 파악되었다. 고유가 시대와 맞물려 정부의 기름값 정책으로 인해 소비자들의 셀프 주유소, 무폴 주유소, 대형마트 주유소의 이용률은 더욱 더 높아질 것이다.

정부에서는 주유소를 선택하기 위한 가격정보서비스를 제공하는데, 주행 중에도 가격을 보고 주유소를 선택할 수 있도록 주유소마다 가장 잘 보이는 위치와 높이에 고정 설치될 수 있도록 가격표시판 설치를 의무화하고 있다. 두 번째로 유가 예보시스템을 신설하였는데, 석유공사가 운영하고 있는 유가 정보 서비스 포털인 '오피넷(http://www.opinet.co.kr)'에서 콘텐츠를 강화해 1주일 후의 정유의 예상 가격을 공개하는 것을 제공하고 있다.

과거에는 경쟁에서 도태되지 않고 살아남기 위해서 현재 각 주유소에서 경품행사나 세차쿠폰, 누적 포인트제, 가격할인 등이 소비자들을 끌어들이기 위해 이용되었다. 또한 편의점이나 세탁서비스, 패스트푸드점 등의 부대시설을 확충하는 서비스도 속속 등장하고 있다(안창년, 2003). 최근 들어 주유소는 복합생활공간으로 끝없이 진화하고 있는데, 복합주유소에서는 음식 외에 다양한 생활서비스도 가능해진다. 이는 간단한 식사나 쇼핑을 즐기고자 하는 소비자의 욕구 반영이라고 할 수 있다(경향신문, 2010년 9월 1일). <표 3-7>에 의하면 SK에너지는 도날드와 '드라이브 스루'제휴, 주유소 내 무선 인터넷존 구축하였고, GS칼텍스는 맥도날드 · 파파이스와 제휴, 편의점을 운영 중이며, 현대오일뱅크는 롯데리아 · 맥도날드 등과 제휴하고 택배 업무를 대행하고 있고, S-OIL은 샌드위치 전문점 '샌드 앤 푸드'와 제휴, 무선 차량관리 서비스를 제공하고 있다.

〈표 3-7〉 정유사별 복합주유소 현황

업체	주유소 입점업체 및 서비스 내용
SK에너지	맥도날드와 '드라이브 스루' 제휴, 주유소 내 무선 인터넷 존 구축
GS칼텍스	맥도날드 · 파파이스와 제휴, 편의점 운영 중
현대오일뱅크	롯데리아 · 맥도날드 등과 제휴, 택배업무 대행
S-OIL	샌드위치 전문점 '샌드 앤 푸드'와 제휴, 무선 차량관리 서비스 제공

출처: 경향신문, 2010년 9월 1일

2. 주유소 서비스 관련 선행연구

1) 주유소 서비스 품질 및 소비자 만족에 관한 연구

주유소 서비스 품질이 소비자 만족과 서비스 재구매 의도와 타인추천에 미치는 영향을 분석한 연구들이 있다. 김계수 · 박형권(2000)은 서울과 지방의 자가 운전자 148명을 대상으로 질문지를 이용하여 서비스 품질차원이 소비자 만족에 미치는 영향과 서비스 품질에 대한 전반적인 만족이 서비스 재구매 의도와 신규 고객창출에 영향을 미치는지 분석하였다. 서비스 품질 차원 중 확신성과 대응성만이 소비자 만족에 유의한 영향을 미쳤고, 서비스 품질에 대한 전반적인 만족은 서비스 재구매 의도와 타인추천에만 유의한 영향을 미치는 것으로 나타났다.

김태수(2000)는 주유소 이용 고객을 대상으로 주유소 서비스에 대한 소비자 만족과 서비스 품질 지각, 그리고 재구매 의도 및 호의적 구전과의 상관관계를 실증적으로 연구하였다. 그 결과 서비스에 대한 품질 지각이 서비스 만족에 영향을 미치는 것이 아니라, 소비자의 만족은 서비스품질 지각에 유의한 영향을 미친다는 것을 확인하였고, 서비스품질 지각은 고객의 재구매 의도와 호의적 구전에 유의한 영향을 미치고 있음을 알게 되었다.

박소영(2006)은 광역시에 거주하는 20~59세 남녀 자가 운전자 3,876명을 대상으로 정유사를 이용하면서 느끼는 품질이 소비자 만족과 브랜드 신뢰를 구축하여 정유사 브랜드의 충성도에 영향을 미치는가를 연구하였다. 정유사에 대한 지각된 브랜드 품질은 소비자 만족과 브랜드신뢰에 유의한 영향을 미치고 있었고, 소비자 만족과 브랜드 신뢰 간에도 상호 영향이 있으며, 소비자 만족과 브랜드 신뢰도는 브랜드 충성도에 영향을 미치는 것으로 밝혀졌다.

박윤서 등(2008)은 주유소 이용 고객을 대상으로 주유소 서비스품질 요인이 소비자 만족에 미치는 영향과 소비자만족, 재구매 의도와 구전의도 사이의 인과관계를 분석하였다. 주유소 서비스품질 요인 중 물리적 특성과 상호작용성이 소비자 만족에 유의한 영향을 미쳤고, 소비자 만족이 높을수록 재구매 의도 및 구전의도가 높아지는 것으로 나타났다.

한편 서비스 품질과 다른 변수들과의 관련성을 살펴본 연구도 있었다. 이종찬(2000)은 광주, 전남 지역의 자동차 운전자 및 주유소 이용 남녀 210명을 대상으로 하여 주유소와 정유소에 대한 만족 및 재구매 의도를 형성하기 위한 결정 요인을 파악하고자 하였다. 그 결과 주유소 서비스 품질과 정유사 선호도가 주유소 만족에 영향을 미쳤고, 영향을 받은 주유소 만족은 또 다시 재구매 의도에 영향을 미쳤다.

장재경(2007)은 순천, 광양 지역에 거주하는 주유소 이용 고객을 대상으로 기존의 서비스 품질 관련 연구에서 다루지 않았던 주유소 서비스의 주요 서비스 품질요인을 탐색하고, 소비자 만족과의 관계를 다루었다. 주유소 소비자의 만족을 결정짓는 가장 확실한 요인은 서비스 품질에 대한 소비자의 지각이었으며, 기대수준은 차원에 따라 기대불일치의 수준과 만족도를 높이기도 하는 것으로 나타났다.

2) 주유소의 환경 특성요인 및 선택요인이 소비자 만족과 재구매 의도에 미치는 영향에 관한 연구

주유소의 환경특성 요인 및 선택요인에 따른 소비자 만족과 재구매 의도에 미치는 영향을 분석한 연구들이 있다(김창호, 2005; 김형규, 2001; 신만섭, 2010; 안창년, 2003; 이선규 등, 2009; 조병민, 2010).

김창호(2005)는 주유소 관리자와 소비자를 대상으로 주유소의 물리적 환경이 소비자 만족에 어떠한 영향을 미치는가를 파악하고, 소비자 만족과 재구매 의도간의 관련성을 알아보기 위하여 실증적으로 분석하였다. 주유소의 물리적 환경 구성요소인 점포 분위기, 편의성, 접근용이성 모두 소비자 만족에 유의한 영향을 미치며, 물리적 환경에 대한 소비자 만족은 재구매 의도와 구전 의도에까지 영향을 미치는 것으로 나타났다.

김형규(2001)는 서울 강북지역의 주유소를 이용하는 자가운전자 207명을 대상으로 주유소 선택요인을 밝히고, 인구사회학적 변수와 주유소 이용 관련 변수에 따른 선택요인의 차이를 분석하였다. 주유소 선택요인을 서비스 가격요인, 촉진요인, 품질요인, 부대시설요인으로 나누어서 살펴보았는데, 주유소 선택요인은 주유소 이용 관련변수(주유빈도, 이용시간대, 주유량)와 인구사회학적 변수(연령, 성별, 직업, 학력, 소득, 운전경력)에 따라 차이가 있었다.

신만섭(2010)은 주유소를 이용하거나 이용한 경험이 있는 남녀 321명을 대상으로 경유사와 주유소의 특성을 분석하였다. 정유사의 특성으로는 정유사의 이미지, 유류품질, 주유소 숫자로, 주유소의 특성으로는 주유소 시설, 종업원, 촉진활동, 유류가격, 주유소 분위기, 유류품질로 구분하였다. 그 결과 주유소의 환경특성요인들이 소비자의 감정 형성과 서비스 품질 및 지각된 가치에 부분적으로 유의한 영향을 미쳤고, 소비자의 감정, 서비스 품질과 지각된 가치가 소비자 만족과 충성도에 긍정적인 영향을 미치는 것으로 나타났다.

안창년(2003)은 서울과 강원도의 주유소 이용 소비자를 대상으로 조사한 결과, 주유소 선택요인 중 가격, 촉진, 품질요인 등의 소비자 만족요인들이 재구매 의도와 호의적 구전에 긍정적인 영향을 미치는 것으로 나타났다. 그리고 주유소의 소비자 만족요인과 재구매 의도, 호의적 구전 간에는 상당한 영향 관계가 존재한다고 하였다.

이선규 등(2009)은 주유소 선택요인을 제품품질, 서비스, 가격, 다기능성, 진입용이성 등으로 통합하고, 이들 선택요인들이 실제로 소비자의 재방문의도에 영향을 미치는지 주유소를 직접 이용하는 소비자를 대상으로 검증하였다. 주유소 선택요인인 제품품질, 서비스, 가격, 다기능성이 재구매 의도에 유의한 영향을 미치고, 성별과 연령에 따라서도 주유소 선택요인과 재구매 의도에 영향을 미치는 것으로 나타났다.

한편 주유소 선택요인에 따른 소비자 만족과 충성도를 분석한 연구(조병민, 2010; 이아름 등, 2012)도 있다. 조병민(2010)은 소비자들이 주유소를 선택함에 있어 어떠한 요소들에 의하여 주유소를 선택하는지에 대하여 분석하였다. 소비자의 주유소 선택요인 중 기업이미지 요인만이 전반적인 만족도에, 가격요인만이 구전의도에 영향을 미치는 것으로 나타났다.

주유소 서비스에 대한 소비자 만족에 영향을 미치는 제반 변수들의 상대적 영향력을 살펴본 이아름 등(2012)의 연구에서는 주유소 서비스에 대한 소비자 관여도와 주유소 이용관련변수(주유시간대, 주유정보경로)가 소비자 만족에 영향을 미치는 중요한 변수로 밝혀졌다. 주유소 서비스 충성도에는 소비자 만족, 관여도, 주유소 이용관련변수가 중요한 변수였으며, 핵심적인 변수는 소비자 만족이었다.

3. 연구방법

2012년 9월 19일부터 30일까지 주 4일 이상 자가용을 이용하는 소비자 1,000명을 대상으로 주유 및 주유소 이용형태에 관해 1:1 설문조사를 실시하였다. 총 1,000부의 설문지 중 응답이 부실한 42부를 제외하고 최종 분석 자료로는 958부를 사용하였다. 자료의 처리는 SPSS WIN 12.0을 이용하였다.

4. 조사결과 분석

1) 조사대상자의 일반적 특성

〈표 3-8〉 조사대상자의 일반현황

(n=958)

구분		빈도	%
성별	남성	536	55.9
	여성	422	44.1
연령	20대	123	12.8
	30대	261	27.2
	40대	305	31.8
	50대	225	23.5
	60대 이상	44	4.6

<표 3-8>에 의하면 조사대상자는 남성 55.9%, 여성 44.1%였으며, 연령별로는 40대가 31.8%로 가장 많았고, 30대 27.2%, 50대 23.5%, 20대 12.8%, 60대 이상 4.6%의 순으로 나타났다.

〈표 3-9〉 조사대상자의 자가용 보유 및 이용현황

(n=958)

구분		빈도	%
차종	중형	559	58.4
	소형	307	32.0
	경차	92	9.6
자가용운전일 (1주당)	4일	228	23.8
	5일	240	25.1
	6일	197	20.6
	매일	293	30.6

<표 3-9>에 의하면 보유하고 있는 차종의 경우 중형이 58.4%로 과반수 정도

를 차지하였고, 소형 32.0%, 경차가 9.6%였다. 일주일 동안의 자동차를 운전하는 일을 조사한 결과 매일 운전하는 경우가 30.6%로 가장 많았고, 다음이 주 5일 25.1%, 주 4일 23.8%, 주 6일 20.6%의 순이었다.

2) 월평균 주유비

〈표 3-10〉 차종별 월평균 주유비

(n=958)

구분	평균(원)	F비
중형	310,974	19.748***
소형	242,049	
경차	217,417	

*** p〈.001

<표 3-10>에 의하면 차종에 따른 월평균 주유비는 $p<.001$ 수준에서 통계적으로 의미 있는 차이를 보였다. 중형차의 월평균 주유비가 310,974원으로 가장 많았고, 다음이 소형으로 242,049원, 경차는 217,417원이었다. 중형차가 소형이나 경차에 비하여 에너지 소비량이 많기 때문에 이러한 결과가 나왔다고 볼 수 있다.

3) 교통비의 비율

<표 3-11>에서 1달 생활비에서의 교통비 비율을 살펴보면 중형, 소형, 경차 모두 월 생활비의 6-10% 정도의 교통비를 지출하는 것으로 나타났다. 중형차량의 경우 교통비가 월 생활비의 6-10%를 차지한다고 응답한 비율은 33.0%였으며, 11-15%는 22.3, 5% 이내는 16.2%, 16-20%는 13.0%의 순이었다. 소형차량은 6-10%를 차지한다는 응답이 36.3%, 5% 이내는 20.3%, 11-15%는 20%, 16-20%는 13.7%였다. 마지막으로 경차는 6-10% 차지한다는 응답이 34.8%, 11-15%는 20.7%, 16-20%는 17.4%, 5% 이내는 15.2%였다.

〈표 3-11〉 1달 생활비에서의 교통비 비율

비중 \ 차종	중형		소형		경차	
	빈도	%	빈도	%	빈도	%
5% 이내	90	16.2	61	20.3	14	15.2
6–10%	183	33.0	109	36.3	32	34.8
11–15%	123	22.3	60	20.0	19	20.7
16–20%	72	13.0	41	13.7	16	17.4
21–25%	41	7.4	19	6.3	5	5.4
26–30%	25	4.5	7	2.3	4	4.3
31–35%	11	2.0	2	0.7	1	1.1
36–40%	3	0.5	–	–	–	–
41% 이상	6	1.1	1	0.3	1	1.1
계	554	100.0	300	100.0	92	100.0

4) 주유소 이용형태

〈표 3-12〉 주유소 이용 행태

(n=958)

구분	빈도	%
단골 주유소를 고정적으로 이용	500	52.2
상황에 따라 선택 이용	311	32.5
정유사 브랜드가 같은 곳만 찾아 이용	131	13.7
기타	16	1.6

<표 3-12>에서 주유소 이용행태를 살펴보면, 평소 주유소를 이용할 때 단골 주유소만을 고정적으로 이용하는 경우가 52.2%로 가장 많았고, 상황에 따라 주유소를 선택하는 경우는 32.5%, 동일한 정유사 브랜드를 찾아서 이용한다는 응답자는 13.7%였다.

5) 주유소 선택 시 고려사항

<표 3-13>을 보면 주유소를 선택할 때 가장 중요하게 고려하는 사항은 휘발

〈표 3-13〉 주유소 선택 시 주요 고려사항

구분	1순위		2순위		3순위		종합	
	빈도	%	빈도	%	빈도	%	빈도	%
휘발유 가격이 저렴한 곳	473	49.4	164	17.1	88	9.2	725	25.2
접근성이 좋은 곳	295	30.8	297	31.0	130	13.6	722	25.1
카드 혜택이 좋은 곳	81	8.5	217	22.7	201	21.0	499	17.4
신뢰가 가는 정유사 브랜드	52	5.4	83	8.7	70	7.3	205	7.2
셀프 주유소를 선택해서 이용	21	2.2	38	4.0	112	11.7	171	5.9
세차 등 부대 서비스 좋은 곳	20	2.1	106	11.1	224	23.4	350	12.1
사은품 및 경품이 우수한 곳	2	0.2	15	1.6	73	7.6	90	3.3
기타	14	1.4	38	4.0	60	6.2	112	3.8
계	958	100.0	958	100.0	958	100.0	2,874	100.0

유 가격이 저렴한 곳으로 1순위에서 49.4%의 비율을 보였다. 다음으로는 접근성이 좋은 곳이 30.8%를 차지하였다. 2순위로는 접근성이 좋은 곳이 31.0%로 가장 높았고, 다음이 카드 혜택이 좋은 곳으로 22.7%의 비율을 보였다. 3순위로는 23.4%가 세차 등 부대서비스 좋은 곳을 꼽았다. 종합적으로 볼 때 가격이 저렴하고(25.2%), 접근성이 좋으며(25.1%), 카드 사용 시 적립이나 할인율이 높은 곳(17.4%), 세차 등 부대서비스가 좋은(12.1%) 주유소를 선호하는 것으로 보인다.

6) 유류비 비교 사이트 이용 경험

<표 3-14>에 의하면 유류비 비교사이트를 이용한 경험이 있는 경우가 34.4%, 없는 경우가 65.6%로 나타났다. 이러한 사이트를 이용하지 않는 이유에 대해 '가격이 저렴한 주유소가 멀다', '찾아가기 힘들 것 같아서', '가격차가 얼마 안 나는 것 같아서', '귀찮아서' 라고 응답하였다. 그리고 유류비 비교사이트를 몰랐거나, 그러한 사이트를 신뢰하지 않아 이용하지 않는다는 응답자도 있었다.

〈표 3-14〉 유류비 비교사이트 이용경험

구분	빈도	%
이용경험 있음	325	34.4
이용경험 없음	619	65.6
계	944	100.0

7) 유류비 절감을 위한 노력

<표 3-15>에 의하면 주유비 상승으로 인해 개인 유류비를 절감하기 위한 운전자의 행동을 조사한 결과, 급출발, 급가속, 급제동 등 연료소모가 많은 운전습관을 줄인다는 노력이 27.3%로 가장 많았다. 다음으로는 경제속도 유지가 21.7%, 공회전 감소 20.9%, 타이어 공기압 유지 및 정기 점검 11.9%, 대중교통 이용의 횟수 증가 9.5%, 승용차 요일제 참여 7.2%, 연료 절감기 장착 1.1%의 순으로 나타났다.

〈표 3-15〉 유류비 절감을 위한 노력

(n=958명, 복수응답)

구분	빈도	%
운전습관 변화(급출발, 급가속, 급제동 금지)	546	27.3
경제속도 유지	435	21.7
공회전 감소	418	20.9
타이어 공기압 유지 및 정기 점검	238	11.9
대중교통 이용 횟수 증가	190	9.5
승용차 요일제 참여	144	7.2
연료절감기 장착	22	1.1
기타	7	0.4

8) 대중교통 이용 변화

<표 3-16>에서 주유비 상승에 따른 대중교통 이용 변화를 살펴본 결과 자가용 이용에 변화가 없다는 응답이 52.3%였으며, 대중교통 이용이 약간 증가했다가 37.7%, 대부분 대중교통을 이용하게 되었다는 응답은 8.5%로 조사되었다.

〈표 3-16〉 대중교통 이용 여부

(n=958)

구분	빈도	%
자가용 이용에 변화 없음	501	52.3
대중교통 이용 약간 증가	361	37.7
대부분 대중교통을 이용함	81	8.5
기타	15	1.6

9) 주유비 절감을 위한 정책

<표 3-17>에서 주유비 부담을 줄이기 위한 정책을 조사한 결과, 유류세 인하가 1순위에서 69.8%의 비율로 압도적이었다. 다음으로는 정유사의 수익 인하가 16.6%로 나타났다. 2순위에서는 정유사의 수익 인하가 47.2%로 가장 높게 나타났고, 다음으로는 셀프 주유소의 확대가 16.0%, 유류세 인하가 13.9%였다. 3순위에서는 주유소 수익 인하가 30.7%로 가장 높았고, 다음으로는 유류 할인카드의 적용확대와 활성화가 20.1%, 정유사의 수익 인하가 11.6%의 순이었다. 종합적으로 볼 때 주유비의 부담으로 덜기 위한 정책으로 유류세의 인하(30.0%), 정유사의 수익 인하(25.1%), 주유소의 수익 인하(14.5%), 셀프주유소의 확대(12.7%) 등을 가장 시급하게 실행해야 한다고 여기고 있었다.

국토교통부와 교통안전공단은 2013년 5월 31일 서울 삼성동 코엑스에서 미국, 영국, 독일, 일본의 자동차 보험 전문가 및 국내 자동차보험 · 공제사 · 정비업계 · 의료계 등 약 200여 명의 관계자가 참석한 가운데, 교통사고 예방을 위한 '자동차보험정책 국제워크숍'을 개최하였다.

〈표 3-17〉 주유비 절감을 위한 정책

구분	1순위		2순위		3순위		종합	
	빈도	%	빈도	%	빈도	%	빈도	%
유류세 인하	669	69.8	133	13.9	60	6.3	862	30.0
정유사 수익 인하	159	16.6	452	47.2	111	11.6	722	25.1
주유소 수익 인하	31	3.2	92	9.6	294	30.7	417	14.5
셀프주유소 확대	41	4.3	153	16.0	172	18.0	366	12.7
유류할인 카드 적용확대와 활성화	17	1.8	37	3.9	193	20.1	247	8.6
연료절감기 등 친환경 운전에 대한 인센티브 제공	15	1.6	54	5.6	47	4.9	116	4.0
수동차량 이용 권장	1	0.1	7	0.7	28	2.9	36	1.3
기타	25	4.5	30	3.1	53	5.5	108	3.8
계	958	100.0	958	100.0	958	100.0	2,874	100.0

국내에서 처음으로 개최된 국제워크숍에서는 자동차보험의 위험관리 기능을 통해 사고예방을 활성화하기 위한 방안과, 선진국을 벤치마킹해 국내 자동차보험의 손해배상 선진화 방안이 중점적으로 논의되었다. 자동차보험의 위험관리 기능이란 운전자의 안전의무 불이행 등에 대한 보험료 할증을 통해 운전자의 위험행위에 대한 간접통제 강화와 사고 예방 등을 뜻한다.

워크숍 참석 국내 및 해외 전문가들은 주제별 발표를 통해 국가별 자동차보험서비스, 정비 및 진료 체계, 글로벌 자동차 보험정비시스템, 각 이해관계자(제작사, 정비업계, 보험업계 등)간 우수 상생협력사례 등을 제시하였다. 우리나라는 자동차보험이 보상에 치우쳐 있고, 보험료 차등화 등을 통한 사고예방의 기능은 다소 떨어진다는 지적이 있어, 선진 사례 벤치마킹을 통해 국토교통부에서 보험료 차등화 등을 통한 교통안전 확보방안을 마련할 예정이다.

우리나라는 또한 정비요금 수준 등을 놓고 보험업계와 정비업계가 갈등을 일으키고, 보험사-정비업체가 상생협력하지 못해, 자동차보유자가 피해를 보고 있어, 선진국의 보험사-정비업체 성공 사례가 소개돼 성공요인을 분석할 예정이다. 국토교통부 권석창 자동차정책기획단장은 "전문가 의견을 종합해 금융당국·손해보험협회 등과 함께 자동차보험제도 개선을 추진해 나가겠다"고 밝혔다(공감코리아, 2013년 5월 30일).

4
자동차 정비서비스 실태

자동차진단보증협회가 소비자 보호를 위해 '원 스트라이크 아웃제'를 실시하는 등 자정노력을 강화한다. 한국자동차진단보증협회는 최근 총회를 열고 성능점검 '오류'에 대한 보증을 매매업자책임으로 전가하거나 이면보증 행위 등을 통한 보증회피, 그리고 국토교통부의 업무지침에 따른 보증범위 등을 이유로 소비자 민원을 발생시키는 회원사에 대해 한 차례 경고 없이 해당 성능점검장을 폐쇄시키는 '원 스트라이크 아웃제'를 시행하기로 결의했다고 밝혔다.

중고차 성능점검관련 업체가 이 같은 초강수를 둔 것은 이번이 처음이다. 이와 관련, 협회회장은 "10년 전 소비자보호를 목적으로 국토부로부터 협회 설립 허가를 받고 성능점검업무를 수행해 오면서 회원사들이 다소 안일하게 소비자 민원 대처를 해 온 것으로 판단했다"면서 "이 문제를 총회 안건으로 상정한 결과 참석한 회원사 대표 모두 동의했다"고 설명했다.

또한 협회는 중고차를 구입하는 소비자를 보호하기 위해 '민원담당' 부서를 보강하고 성능점검자들의 교육과 지도 감독체제도 강화시켜 나갈 계획이다. 한편 협회는 성능점검 오류와 관련, 전문인 배상책임보험에 가입하는 등 자동차정비업체들과는 차별화 된 서비스를 시행해 왔다(이뉴스투데이 2013년 9월 13일).

1. 서론

우리나라의 자동차 보급대수가 1,800만대를 넘어서고 있어 이제는 자동차가 특별한 계층이 소유하는 전유물이 아니라 보편적인 소비재이다. 자동차와 관련된 소비자문제는 자동차 보험과 관련된 사항(보험비용, 보장내용 등), 자동차 구매와 관련한 사항(가격, 안전성, 선택 옵션 등), 중고 자동차 거래와 관련된 사항, 자동차 정비와 관련된 사항 등으로 구분하여 볼 수 있다.

자동차의 대중화로 여성과 청년층의 자동차 사용이 증가하고 있고, 더불어 자동차 정비와 관련한 소비자불만도 많아지고 있다. 자동차는 약 2만 여개의 부품으로 조립된 고도의 기술 기계체로서 일반인의 이해가 어려운 특성을 지니고 있어 수리 및 정비 발생 시 그 내용을 모르는 경우도 허다하다. 자동차수리 및 정비의 과정에는 정비업체로 인상 · 견인하는 작업에서부터 시작하여 수리 및 정비를 받은 후의 대금 지불, 하자발생 등에 이르기까지 다양한 과정을 포함하고 있어서 소비자의 불만 및 피해의 유형도 광범위하다.

국내 자동차 산업의 수준은 기술적인 측면에서 괄목할 만한 성장을 거듭하였지만, 이러한 수준에 맞는 질적인 성장은 동반되지 못했다. 구체적으로 애프터마켓 시장은 아직 미흡하며 자동차 선진국으로의 진입에 장애가 되고 있는 실정이다.

자동차 정비와 관련하여 가장 문제가 많이 발생하는 분야는 자동차 보수용 부품의 유통문제이다. 자동차 수리에 사용되는 부품은 등급에 따라 보증 및 수리비용의 차이가 클 뿐만 아니라 부품의 구별 방법 및 인증화가 되어 있지 않아 상당수가 음성적으로 거래되고 있다. 순정품을 비롯하여 중고품에 이르기까지 구별 없이 유통되고, 사용되다 보니 자동차 이용자들의 개인 비용 낭비와 기업의 신뢰성 저하로 인한 수익모델 악화, 넓게는 국가적인 예산 낭비까지 초래하고 있다고 할 수 있다.

2. 관련 규정 검토

1) 자동차관리법상의 규정

자동차관리법 제58조(자동차관리사업자의 고지 및 관리의 의무 등) 4항에 의하면 자동차정비업자는 다음 각 호의 사항을 준수하여야 한다. 1. 정비 의뢰자의 요구 또는 동의 없이 임의로 자동차를 정비하지 아니할 것, 2. 정비에 필요한 신부품(新部品), 중고품 또는 재생품 등을 정비 의뢰자가 선택할 수 있도록 알려줄 것, 3. 중고품 또는 재생품을 사용하여 정비할 경우 그 이상 여부를 확인할 것, 4. 정비를 의뢰한 자에게 국토해양부령으로 정하는 바에 따라 점검 · 정비견적서와 점검 · 정비명세서를 발급하고 사후관리 내용을 고지할 것 등이다.

그리고 자동차정비업은 다음 4가지 종류로 구분할 수 있다. 1. 자동차종합정비업: 모든 종류의 자동차에 대한 점검 · 정비 및 구조 · 장치의 변경작업, 2. 소형자동차정비업: 승용자동차 · 경형 및 소형의 승합 · 화물 · 특수자동차에 대한 점검 · 정비 및 구조 · 장치의 변경작업, 3. 자동차부분정비업: 자동차관리법 시행규칙에 따른 자동차부분정비업의 작업제한범위에 속하지 아니하는 구조 · 장치에 대한 점검 · 정비 및 변경 등이며 자동차부분정비업에는 직영정비업소와 전문, 간이 정비업소(일반 시중카센터) 등이 있다.

2) 자동차 보수용 부품 관련 법규

1996년 12월 이전에는 자동차 폐차 시 재사용이 가능한 장치가 많지가 않았다. 재사용이 가능한 분야는 동력전달장치 중 변속기가 사용가능하고, 주행장치는 타이어, 디스크휠, 앞뒤 차축만 사용 가능 하였다. 또한 전기장치 중 시동모터와 발전기가 가능하였고 범퍼, 도어, 보닛, 휀다, 트렁크 등 차체와 차대가 사용가능하였다. 기타 창유리, 각종 램프류, 방향지시기, 속도계, 주행거리계, 경음기 등 일반적인 장치는 재사용이 가능하였다. 그러나 조종 장치,

조향장치, 제동장치, 완충장치, 연료장치 등은 모두 폐기 대상이어서 재사용이 가능한 분야는 한정되어 있었다.

1996년 12월 이후부터 1999년 2월 이전까지는 상기한 재활용 가능 부품뿐만 아니라 그 동안 폐기 대상이었던 부품이 상당 수 포함된 것이 특징이다. 한정되어 재사용이 가능했던 동력전달장치와 주행 장치 모두가 재사용 가능하고 전기장치와 차대 및 차체도 모두 사용가능하게 되었다. 완충장치도 재사용 가능하고 연료장치 중 연료탱크도 재사용 부품 대상에 포함되었다. 재사용이 불가능한 부품은 조종장치, 조향장치, 제동장치였다. 1999년 2년 이후에는 재사용 부품이 더욱 확대되어 조향장치와 제동장치만 규제되고 모두 재사용이 가능하게 되었다. 즉 운행 시 안전운전에 직결되는 부품만을 제외한 모든 부품이 가능하게 된 것이다.

자동차 부품 재활용을 활성화하는 각종 제도가 마련되면서 그동안 버려지던 중고 부품의 재활용이 늘어날 전망이다. 선진국에서는 안전에 문제가 없는 자동차 부품은 재활용해서 다시 쓰는 경우가 많다. 중고 부품을 쓰면 국가적인 자원 낭비를 막을 수 있고, 소비자 입장에서도 수리비를 아낄 수 있다는 장점이 있다. 국내에서는 지금까지 중고 부품 사용이 활성화되지 않았다.

국토교통부는 2013년 7월 11일에 품질이 보증되는 중고 부품을 판매하는 온라인 쇼핑몰을 열고, 중고 부품으로 수리를 하는 사람에게는 자동차 보험료를 깎아주는 등 중고 부품 사용을 활성화하는 정책을 시행한다고 밝혔다. 그 동안 우리나라에서는 중고 부품을 쓰는 소비자가 많지 않았다. 중고 부품을 쓰는 경우는 대부분 단종 된 지 오래돼 부품을 구하기 어려운 경우였다. 소비자들이 중고 부품을 쓰면 위험하다고 인식하는데다, 부품 판매에서 상당한 수익을 올리는 자동차 업체들이 지정 수리점에서 중고 부품을 사용하지 않았기 때문이다. 공식적인 유통 경로가 확보되지 않은 것도 한 몫을 했다.

반면 선진국에서는 중고 부품 시장이 크게 활성화 돼있다. 미국의 경우 연간 50조원이 넘는 규모의 재활용 부품 시장이 형성 돼있다. 차량 수리용 부품 시장에서 중고 부품이 차지하는 비중도 40%가 넘는다. 유럽의 경우 중고 자동차 부품 시장이 연간 11조원 규모로 형성돼 있고, 일본도 수리용 부품 시장의 14%를 중고 부품이 차지하고 있다.

사정이 이렇다 보니 글로벌 자동차 업체들은 직접 중고 부품 사업을 진행하고 있다. GM과 포드, 크라이슬러 등 미국 빅3 자동차 업체들은 공식적으로 재활용 부품을 판매한다. 메르세데스 벤츠와 폴크스바겐, BMW 등 독일 업체들도 부품 재생산 라인을 갖추고 있다. 중고 부품을 세척하고 손질해서 새 부품과 별 차이가 없는 상품으로 만들고 판매를 하는 것이다.

선진국에서 중고 부품 사용이 이렇게 활성화된 것은 대부분의 중고 부품이 다시 사용해도 별다른 문제가 없기 때문이다. 수리 과정이나 폐차 과정에서 나온 부품을 분해해 세척하고 문제가 있는 구성품만 새것으로 갈아 다시 조립한 다음 품질 검사를 한다면 새것과 별반 차이가 없다. 이렇게 만든 부품을 재제조 부품이라고 부른다.

우리나라 자동차관리법도 차대번호가 표기된 차대와 조향 기어 장치 등 4가지 부품을 제외한 나머지 부품은 재사용이 가능하다고 명시하고 있다. 김학훈 한국자동차해체재활용협회(KADRA) 팀장은 "우리나라에서는 그동안 재활용이 가능한 부품의 대부분이 주인을 찾지 못해 고철로 취급되는 경우가 많았다"면서 "이번 조치로 중고 부품 재활용이 활성화될 전망"이라고 말했다.

중고부품은 무엇보다도 값이 싸다는 것이 강점이다. 특히 손을 볼 필요가 별로 없는 외장 제품의 경우 값이 많이 싸다. 예를 들어, 새 부품 가격이 10만7000원인 현대차 EF 쏘나타의 헤드램프(전조등)의 중고품은 2만5000원~3만원이면 살 수 있다. 10만8000원짜리 그랜저 XG의 전조등도 5만원이면 된다. 19만5000원짜리 EF쏘나타의 앞 문짝 가격은 7만원5000원, 20만1000원짜리 그랜저 XG 앞문짝 가격은 10만원이다. 부품에 따라 적어도 절반, 많게는 70% 쯤 할인된 가격으로 살 수 있는 것이다. KADRA는 8월말 이런 부품을 거래할 수 있는 온라인 쇼핑몰을 열고, 품질 보증도 제공할 예정이다.

그동안 중고 부품 사용에 미온적이던 자동차 회사들도 최근 중고 부품 활성화에 적극적으로 나섰다. 현대 · 기아차그룹은 현대글로비스를 통해 중고 부품 사업에 본격적으로 나섰다. 현대글로비스가 중고 부품을 손질해 상품으로 만들고, 인증 마크를 붙여 판매하는 방식이다. 글로비스는 현재 발전기와 스파크모터, 등속조인트, 파워스티어링모터, 인젝터, 고압펌프, 배기가스 순환장치, 에어컨용 컴프레셔 등을 판매하고 있다. 앞으로 브레이크 캘리퍼와 터보

차저 등으로 대상 품목을 확대할 예정이다. 재제조 제품의 가격은 새 부품 가격의 50% 정도다.

기아차 정비업체인 오토Q 관계자는 "그동안 정비사 입장에서도 나중에 문제가 될지 모르는 중고 부품 사용을 꺼리는 경우가 많았다"면서 "최근 글로비스가 설명회를 열며 현장에서 재제조 부품에 대한 오해를 없애려고 하는 등 본사 차원에서 재제조 부품 사용을 활성화하기 위한 노력을 하는 것을 볼 때 재제조 부품 사용이 점차 늘어날 것 같다"고 말했다.

쌍용자동차도 현재 협력업체와 계약을 맺고 디젤 인젝터와 발전기, 스타트 모터, 에어컨용 컴프레셔 등 4종의 재제조 부품을 생산해 공급하고 있다. 쌍용차 관계자는 "아직 재제조 부품을 쓰겠다는 소비자가 많지 않지만 앞으로 공급 품목 수를 늘릴 계획을 갖고 있다"고 말했다. 한국GM과 르노삼성은 현재 재제조 부품을 쓰고 있지는 않지만 앞으로 도입하는 것을 검토하고 있다고 했다(조선비즈, 2013년 7월 13일).

3. 관련 연구 사례

현대 및 기아자동차에 부품을 납품하는 현대모비스는 국내에서 가장 큰 부품회사(세계 27위)인 만큼 부품 시장에서 가장 큰 영향력을 가지고 있다. 2007년 기준, 현대모비스(주) 정비용 부품매출액은 약 17,360억 원이며, 시장점유율은 70% 이상으로 추정(공정거래위원회, 2009)된다. 이러한 자동차 부품 공급업체의 독점구조로 하청업체에 대한 부품 공급가 조절 등에 대한 문제점이 발생하고 있다. 그리고 쌍용자동차는 차량 공급이 적은데다가 대리점의 네트워크화가 약하여 부품의 원활한 공급에 문제가 나타나기도 했다.

한편 쌍용, 르노삼성, GM대우자동차는 부품공급에 대한 정찰 제를 지양하고 자율경쟁 체제를 도입하고 있다. 반면 현대 및 기아자동차는 정찰제를 지향하고 있다. 현대 및 기아자동차 경우 부품 값 인상은 계속 증가하고 있는 반면, 상대적으로 GM대우자동차 등의 부품 값 인상은 높지 않은 편이다.

쌍용, GM대우자동차에 비하여 현대 및 기아자동차는 부품공급 비율이 3배가 넘으며, 부품의 질적인 측면에 비하여 가격이 너무 높은 편이다. 차량 소모품의 경우 현대 및 기아자동차는 최근 3년 사이에 약 30% 정도 가격이 향상되었으나 쌍용, 르노삼성자동차 등은 3년 사이에 약 10% 정도만 상승되었다.

품목에 관계없이 수입품일 경우 고가로 책정되어 유통되다가 국산화가 되면서 저가로 공급되는 현상을 보이고 있다. '순정품'은 양산되는 차량에 탑재된 부품 정도를 나타내는 가장 일반적인 용어이나 일선에서는 최고의 품질을 가진 인증제품으로 인식하여 맹목적으로 오용되는 경우가 많다. 용어 자체도 '순정품'이 아닌 '규격품' 내지는 '인증품' 정도로 사용되는 것이 바람직하다. '비순정품'도 오히려 '순정품'보다 질이 좋은 경우도 많으나 공식 인증기관의 부재로 인정을 받고 있지 못하는 상황이다. 동일한 부품회사에서 생산한 같은 제품이라도 메이커의 인증을 받으면 고가로 책정되고 인증을 받지 못하면 저가로 책정되는 상황이다. 물론 인증에 따른 가격의 상승은 당연하나 터무니없이 높게 책정되는 것은 문제가 있다.

그리고 '순정품'과 '비순정품'의 가격 차이가 너무 크다. '순정품'을 납품하는 회사가 '비순정품'을 '순정품'으로 납품하여 수익을 창출하는 왜곡된 유통문화가 양산되기도 하였다. '순정품'에 비하여 약 50~70% 가량 저렴한 '비순정품(중고품, 재생품 포함)'을 이용하여 수리한 후 '순정품' 수리가격을 청구하거나 하지도 않은 수리를 했다고 신고하여 보험정비수가를 받는 부정 사례가 빈발하고 있어 철저한 관리감독이 요구되고 있다.

지역별로 부품의 가격은 10% 정도의 차이가 난다. 수도권 및 지방 대도시는 부품 공급은 물론이고 가격도 저렴하게 공급되나 지방 소도시 및 오지는 상대적으로 유통 지연 및 고가의 부담을 떠안고 있는 상황이다.

대기업 프랜차이즈 정비업체의 경우 본사를 통한 부품 택배 방식으로 10~15%의 물류비용을 절감하고 있다. 부품대리점을 통한 부품 공급은 경우에 따라 비용이 도리어 높을 수도 있다. 물류 종류의 체계화에 따라 부품의 가격은 그 차이가 20~30%에 이르며(유통 마진의 문제임), 물류센터에서 직접 부품을 구입할 경우 최대 20%정도 저렴하게 구입(소량 구입도 같은 효과가 있음)하는 것이 가능하다.

4. 정비업체 소모품교체 가격 비교조사

1) 조사개요

2011년 10월 한 달간 전국 1,000곳의 정비업체를 대상으로 자동차 주요 소모품 교체에 따른 서비스 가격을 조사하였다. 응답이 정확하지 않은 정비업체를 제외하고, 총 673개 정비업체의 자료를 가지고 분석하였다.

2) 조사대상 현황

<표 4-1>에 의하면 조사대상 정비업체는 서울이 49.2%로 가장 많았고, 인천, 경기도가 27.6%로 두 번째로 많았고, 경상도는 7.7%, 충청도는 8.2%, 강원도는 7.3%로 나타났다.

〈표 4-1〉 조사대상 정비업체

구분		빈도	%
지역	서울	331	49.2
	인천, 경기도	186	27.6
	경상도	52	7.7
	충청도	55	8.2
	강원도	49	7.3
	계	673	100.0

<표 4-2>에서 업체유형별로 보면 종합 자동차정비업체(1급)는 15.5%, 소형자동차정비업체(2급)는 21.7%로 두 번째로 많았고, 부분정비업체 중 직영 정비업체는 11.6%에 불과하였다. 부분정비업체 중 일반카센터에 속하는 전문 또는 부분정비업체는 51.3%로 절반 이상을 차지하였다.

〈표 4-2〉 업체유형별 구분

구분	빈도	%
종합 자동차정비업체	104	15.5
소형 자동차정비업체	146	21.7
부분(직영 정비업체)	78	11.6
일반카센터	345	51.3
계	673	100.0

3) 정비업체 서비스 현황 비교

<표 4-3>에 의하면 가격표가 게시되어 소비자가 확인해 볼 수 있는 정비업체는 58.4%로 절반이 약간 넘는 수준이었다. 정비업체가 가격표를 게시하도록 하는 정책이 이루어져야 할 것이다.

〈표 4-3〉 가격표 게시 여부

구분		빈도	%
가격표 게시 여부	게시함	393	58.4
	게시하지 않음	280	41.6
	계	673	100.0

<표 4-4>에 의하면 자동차 수리내역서를 정식 양식을 통해 항상 발부하는 정비업체는 72.5%였고, 소비자가 원할 때만 정식 양식을 발부하는 정비업체는 26.2%이었다. 그 외 메모지를 사용하여 발부하는 업체가 0.4%, 소비자가 원할 때만 메모지를 사용하여 발부하는 업체는 0.9%이었다. 자동차수리와 관련된 소비자문제를 예방하기 위해서는 수리내역별로 상세하게 기록할 수 있는 통일된 양식을 만들어서 보급하고, 수리내역서를 소비자에게 발급하도록 하는 정책이 시행되어야 한다.

〈표 4-4〉 수리내역서 발부 여부

구분		빈도	%
자동차수리 내역서	정식양식 사용 - 항상 발부	488	72.5
	정식양식 사용 - 소비자 요청시	176	26.2
	메모지 사용 - 항상 발부	3	0.4
	메모지에 사용 - 소비자 요청시	6	0.9
	계	673	100.0

<표 4-5>에 의하면 소비자가 자동차를 수리하지 않고 부품이나 소모품만을 조달해 주기를 희망하는 경우 이에 대한 서비스를 행하고 있는지를 살펴본 결과 부품 및 소모품을 조달해주는 정비업체는 77.4%로 나타났고, 그렇지 않은 정비업체는 22.6%로 나타나 2/3 이상이 부품과 소모품을 조달해 주고 있었다.

〈표 4-5〉 부품 및 소모품 조달 여부

구분		빈도	%
부품 및 소모품 조달	조달함	521	77.4
	조달하지 않음	152	22.6
	계	673	100.0

<표 4-6>에 의하면 자동차 정비업체의 내부가 청결한 곳은 97.6%이고, 청결하지 않은 정비업체는 2.4%에 불과한 것으로 나타나 거의 대부분의 업체가 청결하였다.

〈표 4-6〉 정비업소 내부 청결정도

구분		빈도	%
청결 수준	청결함	657	97.6
	청결하지 않음	16	2.4
	계	673	100.0

4) 자동차 소모품별 가격비교

소비자가 가장 많이 사용하고 있는 자동차 소모품 19가지를 선정하여 가격을 비교하였다. 구체적으로 엔진오일(지크), 엔진오일(XQ), 디젤엔진오일(일반), 디젤엔진오일(XQ), 쌍용 전용 엔진오일, DPF[2] 전용엔진오일, 자동 미션오일, 엔진오일 세정제, 엔진오일 코팅제, 수동 미션오일, TC 오일, 대우오일, 브레이크 오일, 부동액, 배터리, 브레이크 라이닝, 워셔액, 타이어 교환(공임), 에어컨 가스 완충 및 냉동유 교환 등이다. 차량의 크기에 따라 가격 차이가 있어서 아반떼 1.5-1.6급, 소나타 2.0급, 그랜저 2.7 이상 등 3가지 차량의 소모품 가격만을 대상으로 살펴보았다. 자동차 소모품별 가격비교는 <표 4-7>, <표 4-8>, <표 4-9>, <표 4-10>에 제시하였다. 자동차 소모품별 가격편차를 보면 소형차 보다는 중형차가 중형차 보다는 대형차가 거의 모든 소모품에서 가격편차가 크게 나타났다.

〈표 4-7〉 자동차 소모품별 가격비교표

(단위: 원)

항목	자동차 크기	인터넷 판매액	N	최소 비용	최대 비용	평균 비용	가격편차
엔진오일 (지크)	아반떼 (1.5급-1.6급)	6,860	569	20,000	62,000	40,139.36	9,324.683
	소나타 (2.0급)	6,860	555	28,000	80,000	43,362.76	9,855.758
	그랜저 (2.7급 이상)	6,860	552	28,000	80,000	48,505.25	10,778.532
엔진오일 (XQ)	아반떼 (1.5급-1.6급)	9,600	404	25,000	80,000	53,628.47	7,919.578
	소나타 (2.0급)	9,600	396	30,000	84,000	57,327.75	8,292.462
	그랜저 (2.7급 이상)	9,600	394	35,000	100,000	62,266.50	9,857.640

2) DPF(Diesel Particulate Filter)는 배기가스 후처리장치로 디젤엔진의 배기가스 중 PM(입자상물질)을 물리적으로 포집하고 연소시켜 제거하는 배기 후처리장치의 일종이다(네이버 지식경제용어사전)

〈표 4-8〉 자동차 소모품별 가격비교표

(단위: 원)

항목	자동차 크기	인터넷 판매액	N	최소 비용	최대 비용	평균 비용	가격편차
디젤엔진 오일 (일반)	아반떼 (1.5급-1.6급)	20,900	406	30,000	85,000	54,611.85	10,345.238
	소나타 (2.0급)	20,900	371	33,000	90,000	58,156.33	11,457.906
	그랜저 (2.7급 이상)	-	324	35,000	110,000	66,783.95	14,456.605
디젤엔진 오일 (XQ)	아반떼 (1.5급-1.6급)	-	268	40,000	100,000	68,594.03	11,451.848
	소나타 (2.0급)	-	201	40,000	110,000	73,642.79	12,866.855
	그랜저 (2.7급 이상)	-	187	50,000	130,000	83,465.24	15,904.034
쌍용 전용 엔진오일	아반떼 (1.5급-1.6급)	18,130	187	39,000	100,000	66,053.48	10,558.965
	소나타 (2.0급)	-	137	40,000	85,000	64,416.06	7,936.923
	그랜저 (2.7급 이상)	-	111	40,000	100,000	65,333.33	8,710.843
DPF 전용 엔진오일	아반떼 (1.5급-1.6급)	28,500	177	30,000	120,000	65,702.66	17,812.982
	소나타 (2.0급)	-	147	35,000	120,000	61,156.46	14,629.535
	그랜저 (2.7급 이상)	-	117	40,000	140,000	62,649.57	18,215.338
자동 미션오일	아반떼 (1.5급-1.6급)	22,090	602	40,000	140,000	90,455.07	20,959.827
	소나타 (2.0급)	22,090	565	40,000	145,000	96,028.32	21,657.290
	그랜저 (2.7급 이상)	22,090	559	42,000	180,000	104,819.32	23,083.872
자동 미션오일	아반떼 (1.5급-1.6급)	22,090	602	40,000	140,000	90,455.07	20,959.827
	소나타 (2.0급)	22,090	565	40,000	145,000	96,028.32	21,657.290
	그랜저 (2.7급 이상)	22,090	559	42,000	180,000	104,819.32	23,083.872

〈표 4-9〉 자동차 소모품별 가격비교표

(단위: 원)

항목	자동차 크기	인터넷 판매액	N	최소 비용	최대 비용	평균 비용	가격편차
엔진오일 코팅제	아반떼 (1.5급-1.6급)	19,860	322	10,000	110,000	42,111.80	24,617.952
	소나타 (2.0급)	19,860	311	10,000	130,000	45,115.76	28,748.511
	그랜저 (2.7급 이상)	19,860	298	10,000	150,000	50,963.09	37,685.952
수동 미션오일	아반떼 (1.5급-1.6급)	18,000~ 26,000	531	20,000	130,000	38,689.27	15,532.542
	소나타 (2.0급)	-	480	20,000	140,000	40,602.08	16,672.268
	그랜저 (2.7급 이상)	-	452	20,000	140,000	44,623.89	16,456.626
TC 오일	아반떼 (1.5급-1.6급)	4,440	199	20,000	170,000	48,859.30	33,263.264
	소나타 (2.0급)	-	205	20,000	170,000	49,565.85	32,712.830
	그랜저 (2.7급 이상)	-	180	20,000	170,000	54,550.00	33,115.386
대우오일	아반떼 (1.5급-1.6급)	19,550	209	15,000	85,000	38,794.26	11,431.685
	소나타 (2.0급)	-	162	10,000	55,000	37,586.42	11,411.362
	그랜저 (2.7급 이상)	-	128	15,000	60,000	40,308.59	11,973.744
브레이크 오일	아반떼 (1.5급-1.6급)	13,770	577	10,000	100,000	39,035.01	10,526.901
	소나타 (2.0급)	-	531	10,000	100,000	40,894.35	10,313.183
	그랜저 (2.7급 이상)	-	527	10,000	150,000	43,188.99	11,776.607

〈표 4-10〉 자동차 소모품별 가격비교표

(단위: 원)

항목	자동차 크기	인터넷 판매액	N	최소 비용	최대 비용	평균 비용	가격편차
부동액	아반떼 (1.5급-1.6급)	14,510	606	15,000	130,000	34,839.93	9,103.716
	소나타 (2.0급)	-	567	10,000	110,000	35,053.97	8,391.756
	그랜저 (2.7급 이상)	-	566	15,000	110,000	36,660.78	9,025.467
배터리	아반떼 (1.5급-1.6급)	51,000~72,540	556	10,000	135,000	101,906.47	15,907.199
	소나타 (2.0급)	-	530	10,000	150,000	112,815.09	15,690.254
	그랜저 (2.7급 이상)	-	532	10,000	170,000	120,678.57	17,470.531
브레이크 라이닝	아반떼 (1.5급-1.6급)	8,730	541	20,000	100,000	50,395.56	13,707.213
	소나타 (2.0급)	11,000	524	20,000	120,000	57,877.86	15,439.401
	그랜저 (2.7급 이상)	12,000	514	20,000	130,000	67,968.87	17,939.877
워셔액	아반떼 (1.5급-1.6급)	4,320	323	1,000	20,000	2,271.52	2,135.603
	소나타 (2.0급)	4,320	298	1,000	20,000	2,178.52	1,669.838
	그랜저 (2.7급 이상)	4,320	290	1,000	10,000	2,062.76	1,816.139
타이어 교환 (공임)	아반떼 (1.5급-1.6급)	-	569	2,000	65,000	11,311.42	6,702.038
	소나타 (2.0급)	-	535	5,000	65,000	11,469.53	6,744.157
	그랜저 (2.7급 이상)	-	525	2,000	65,000	11,872.76	7,617.943
에어컨 가스 완충 및 냉동유 교환	아반떼 (1.5급-1.6급)	-	596	20,000	80,000	56,633.72	10,995.896
	소나타 (2.0급)	-	562	20,000	100,000	58,426.69	11,256.792
	그랜저 (2.7급 이상)	-	555	20,000	120,000	62,091.89	12,855.790

5) 세부 제품별 가격비교

(1) 엔진오일(지크)

<표 4-11>에서 엔진오일(지크)의 가격을 조사한 결과, 아반떼급(1.5-1.6급)의 경우 총 조사업체는 569곳이었고, 최소비용 20,000원에서 최대비용은 62,000원으로 3.1배의 가격 차이가 났으며, 평균비용은 40,139원이었다. 소나타급(2.0급)의 경우 총 조사업체는 555곳이었고, 최소비용 28,000원에서 최대비용은 80,000원으로 2.9배 차이가 났으며, 평균비용은 43,363원이었다. 그랜저급(2.7급 이상)의 경우 총 조사업체는 552곳이었고, 최소비용 28,000원에서 최대비용은 80,000원으로 2.9배의 가격 차이가 났으며, 평균비용은 48,505원이었다.

〈표 4-11〉 엔진오일(지크) 가격비교

(단위: 원)

구분	업체수	최소비용	최대비용	가격차	평균비용	가격편차
아반떼급 (1.5-1.6급)	569	20,000	62,000	42,000 (310%)	40,139	9,325
소나타급 (2.0급)	555	28,000	80,000	52,000 (285.7%)	43,363	9,856
그랜저급 (2.7급 이상)	552	28,000	80,000	52,000 (285.7%)	48,505	10,779

(2) 엔진오일(XQ)

<표 4-12>에서 엔진오일(XQ)의 가격을 조사한 결과, 아반떼급(1.5-1.6급)의 경우 총 조사업체는 404곳이었고, 최소비용 25,000원에서 최대비용은 80,000원으로 3.2배의 가격 차이가 났으며, 평균비용은 53,628원이었다. 소나타급(2.0급)의 경우 총 조사업체는 396곳이었고, 최소비용 30,000원에서 최대비용은 84,000원으로 2.8배 차이가 났으며, 평균비용은 57,328원이었다. 그랜저급(2.7급 이상)의 경우 총 조사업체는 394곳이었고, 최소비용 35,000원에서 부터 최대비용은 100,000원으로 2.9배의 가격 차이가 났으며, 평균비용은 62,266원이었다.

〈표 4-12〉 엔진오일(XQ) 가격비교

(단위: 원)

구분	업체수	최소비용	최대비용	가격차	평균비용	가격편차
아반떼급 (1.5-1.6급)	404	25,000	80,000	55,000 (320%)	53,628	7,920
소나타급 (2.0급)	396	30,000	84,000	54,000 (280%)	57,328	8,292
그랜저급 (2.7급 이상)	394	35,000	100,000	65,000 (285.7%)	62,266	9,858

(3) 디젤 엔진오일(일반)

<표 4-13>에서 디젤 엔진오일(일반)의 가격을 조사한 결과, 아반떼급(1.5-1.6급)의 경우 총 조사업체는 406곳이었고, 최소비용 30,000원에서 최대비용은 85,000원으로 2.8배의 가격 차이가 났으며, 평균비용은 54,612원이었다. 소나타급(2.0급)의 경우 총 조사업체는 371곳이었고, 최소비용 33,000원에서 최대비용은 90,000원으로 2.8배 차이가 났으며, 평균비용은 58,156원이었다. 그랜저급(2.7급 이상)의 경우 총 조사업체는 324곳이었고, 최소비용 35,000원에서부터 최대비용은 110,000원으로 3.1배의 가격 차이가 났으며, 평균비용은 66,784원이었다.

〈표 4-13〉 디젤 엔진오일(일반) 가격비교

(단위: 원)

구분	업체수	최소비용	최대비용	가격차	평균비용	가격편차
아반떼급 (1.5-1.6급)	406	30,000	85,000	55,000 (283.3%)	54,612	10,345
소나타급 (2.0급)	371	33,000	90,000	57,000 (272.7%)	58,156	11,458
그랜저급 (2.7급 이상)	324	35,000	110,000	75,000 (314.2%)	66,784	14,457

(4) 디젤 엔진오일(XQ)

<표 4-14>에서 디젤엔진오일(XQ)의 가격을 조사한 결과, 아반떼급(1.5-1.6급)의 경우 총 조사업체는 268곳이었고, 최소비용 40,000원에서 최대비용은 100,000원으로 2.5배의 가격 차이가 났으며, 평균비용은 68,594원이었다. 소나타급(2.0급)의 경우 총 조사업체는 201곳이었고, 최소비용 40,000원에서 최대비용은 110,000원으로 2.8배 차이가 났으며, 평균비용은 73,643원이었다. 그랜저급(2.7급 이상)의 경우 총 조사업체는 187곳이었고, 최소비용 50,000원에서 부터 최대비용은 130,000원으로 2.6배의 가격 차이가 났으며, 평균비용은 83,465원이었다.

〈표 4-14〉 디젤 엔진오일(XQ) 가격비교

(단위: 원)

구분	업체수	최소비용	최대비용	가격차	평균비용	가격편차
아반떼급 (1.5-1.6급)	268	40,000	100,000	60,000 (250%)	68,594	11,452
소나타급 (2.0급)	201	40,000	110,000	70,000 (275%)	73,643	12,867
그랜저급 (2.7급 이상)	187	50,000	130,000	80,000 (260%)	83,465	15,904

(5) 쌍용전용 엔진오일

<표 4-15>에서 쌍용전용 엔진오일의 가격을 조사한 결과, 아반떼급(1.5-1.6급)의 경우 총 조사업체는 187곳이었고, 최소비용 39,000원에서 최대비용은 100,000원으로 2.6배의 가격 차이가 났으며, 평균비용은 66,053원이었다. 소나타급(2.0급)의 경우 총 조사업체는 137곳이었고, 최소비용 40,000원에서 최대비용은 85,000원으로 2.1배 차이가 났으며, 평균비용은 64,416원이었다. 그랜저급(2.7급 이상)의 경우 총 조사업체는 111곳이었고, 최소비용 40,000원에서부터 최대비용은 100,000원으로 2.5배의 가격 차이가 났으며, 평균비용은 65,333원이었다.

〈표 4-15〉 쌍용전용 엔진오일

(단위: 원)

구분	업체수	최소비용	최대비용	가격차	평균비용	가격편차
아반떼급 (1.5-1.6급)	187	39,000	100,000	61,000 (256.4%)	66,053	10,559
소나타급 (2.0급)	137	40,000	85,000	45,000 (212.5%)	64,416	7,937
그랜저급 (2.7급 이상)	111	40,000	100,000	60,000 (250%)	65,333	8,711

(6) DPF(배기가스 후처리장치) 전용 오일

<표 4-16>에서 DPF(배기가스 후처리장치) 전용 오일의 가격을 조사한 결과, 아반떼급(1.5-1.6급)의 경우 총 조사업체는 177곳이었고, 최소비용 30,000원에서 최대비용은 120,000원으로 4배의 가격 차이가 났으며, 평균비용은 65,703원이었다. 소나타급(2.0급)의 경우 총 조사업체는 147곳이었고, 최소비용 35,000원에서 최대비용은 120,000원으로 3.4배 차이가 났으며, 평균비용은 61,156원이었다. 그랜저급(2.7급 이상)의 경우 총 조사업체는 117곳이었고, 최소비용 40,000원에서 부터 최대비용은 140,000원으로 3.5배의 가격 차이가 났으며, 평균비용은 62,650원이었다.

〈표 4-16〉 DPF(배기가스 후처리장치) 전용 오일 가격비교

(단위: 원)

구분	업체수	최소비용	최대비용	가격차	평균비용	가격편차
아반떼급 (1.5-1.6급)	177	30,000	120,000	90,000 (400%)	65,703	17,813
소나타급 (2.0급)	147	35,000	120,000	85,000 (342.8%)	61,156	14,630
그랜저급 (2.7급 이상)	117	40,000	140,000	100,000 (350%)	62,650	18,215

(7) 자동 미션오일

<표 4-17>에서 자동 미션오일의 가격을 조사한 바에 의하면, 아반떼급(1.5-1.6급)의 경우 총 조사업체는 602곳이었고, 최소비용 40,000원에서 최대비용은 140,000원으로 3.5배의 가격 차이가 났으며, 평균비용은 90,455원이었다. 소나타급(2.0급)의 경우 총 조사업체는 565곳이었고, 최소비용 40,000원에서 최대비용은 145,000원으로 3.6배 차이가 났으며, 평균비용은 96,028원이었다. 그랜저급(2.7급 이상)의 경우 총 조사업체는 559곳이었고, 최소비용 42,000원에서부터 최대비용은 180,000원으로 4.3배의 가격 차이가 났으며, 평균비용은 104,819원이었다.

〈표 4-17〉 자동미션오일 가격비교

(단위: 원)

구분	업체수	최소비용	최대비용	가격차	평균비용	가격편차
아반떼급 (1.5-1.6급)	602	40,000	140,000	100,000 (350%)	90,455	20,960
소나타급 (2.0급)	565	40,000	145,000	105,000 (362.5%)	96,028	21,657
그랜저급 (2.7급 이상)	559	42,000	180,000	138,000 (428.5%)	104,819	23,084

(8) 엔진오일 세정제

<표 4-18>에서 엔진오일 세정제의 가격을 조사한 결과, 아반떼급(1.5-1.6급)의 경우 총 조사업체는 365곳이었고, 최소비용 15,000원에서 최대비용은 150,000원으로 10배의 가격 차이가 났으며, 평균비용은 32,455원이었다. 소나타급(2.0급)의 경우 총 조사업체는 351곳이었고, 최소비용 15,000원에서 최대비용은 200,000원으로 13.3배 차이가 났으며, 평균비용은 33,575원이었다. 그랜저급(2.7급 이상)의 경우 총 조사업체는 340곳이었고, 최소비용 15,000원에서 부터 최대비용은 250,000원으로 16.7배의 가격 차이가 났으며, 평균비용은 35,638원이었다.

〈표 4-18〉 엔진오일 세정제 가격비교

(단위: 원)

구분	업체수	최소비용	최대비용	가격차	평균비용	가격편차
아반떼급 (1.5-1.6급)	365	15,000	150,000	135,000 (1,000%)	32,455	13,430
소나타급 (2.0급)	351	15,000	200,000	185,000 (1,333.3%)	33,575	15,133
그랜저급 (2.7급 이상)	340	15,000	250,000	235,000 (1,666.6%)	35,638	18,176

(9) 엔진오일 코팅제

<표 4-19>에서 엔진오일 코팅제의 가격을 조사한 결과, 아반떼급(1.5-1.6급)의 경우 총 조사업체는 322곳이었고, 최소비용 10,000원에서 최대비용은 110,000원으로 11배의 가격 차이가 났으며, 평균비용은 42,112원이었다. 소나타급(2.0급)의 경우 총 조사업체는 311곳이었고, 최소비용 10,000원에서 최대비용은 130,000원으로 13배 차이가 났으며, 평균비용은 45,116원이었다. 그랜저급(2.7급 이상)의 경우 총 조사업체는 298곳이었고, 최소비용 10,000원에서 부터 최대비용은 150,000원으로 15배의 가격 차이가 났으며, 평균비용은 50,963원이었다.

〈표 4-19〉 엔진오일 코팅제 가격비교

(단위: 원)

구분	업체수	최소비용	최대비용	가격차	평균비용	가격편차
아반떼급 (1.5-1.6급)	322	10,000	110,000	100,000 (1,100%)	42,112	24,618
소나타급 (2.0급)	311	10,000	130,000	120,000 (1,300%)	45,116	28,749
그랜저급 (2.7급 이상)	298	10,000	150,000	140,000 (1,500%)	50,963	37,686

(10) 수동 미션오일

<표 4-20>에서 수동 미션오일의 가격을 조사한 결과, 아반떼급(1.5-1.6급)의 경우 총 조사업체는 531곳이었고, 최소비용 20,000원에서 최대비용은 130,000원으로 6.5배의 가격 차이가 났으며, 평균비용은 38,689원이었다. 소나타급(2.0급)의 경우 총 조사업체는 480곳이었고, 최소비용 20,000원에서 최대비용은 140,000원으로 7배 차이가 났으며, 평균비용은 40,602원이었다. 그랜저급(2.7급 이상)의 경우 총 조사업체는 452곳이었고, 최소비용 20,000원에서 부터 최대비용은 140,000원으로 7배의 가격 차이가 났으며, 평균비용은 44,624원이었다.

〈표 4-20〉 수동미션오일 가격비교

(단위: 원)

구분	업체수	최소비용	최대비용	가격차	평균비용	가격편차
아반떼급 (1.5-1.6급)	531	20,000	130,000	110,000 (650%)	38,689	15,533
소나타급 (2.0급)	480	20,000	140,000	120,000 (700%)	40,602	16,672
그랜저급 (2.7급 이상)	452	20,000	140,000	120,000 (700%)	44,624	16,457

(11) TC 오일

<표 4-21>에서 TC 오일의 가격을 조사한 결과, 아반떼급(1.5-1.6급)의 경우 총 조사업체는 199곳이었고, 최소비용 20,000원에서 최대비용은 170,000원으로 8.5배의 가격 차이가 났으며, 평균비용은 48,859원이었다. 소나타급(2.0급)의 경우 총 조사업체는 205곳이었고, 최소비용 20,000원에서 최대비용은 170,000원으로 8.5배 차이가 났으며, 평균비용은 49,566원이었다. 그랜저급(2.7급 이상)의 경우 총 조사업체는 180곳이었고, 최소비용 20,000원에서 부터 최대비용은 170,000원으로 8.5배의 가격 차이가 났으며, 평균비용은 54,550원이었다.

〈표 4-21〉 TC 오일 가격비교

(단위: 원)

구분	업체수	최소비용	최대비용	가격차	평균비용	가격편차
아반떼급 (1.5-1.6급)	199	20,000	170,000	150,000 (850%)	48,859	33,263
소나타급 (2.0급)	205	20,000	170,000	150,000 (850%)	49,566	32,713
그랜저급 (2.7급 이상)	180	20,000	170,000	150,000 (850%)	54,550	33,115

(12) 대우오일

<표 4-22>에서 대우오일의 가격을 조사한 결과, 아반떼급(1.5-1.6급)의 경우 총 조사업체는 209곳이었고, 최소비용 15,000원에서 최대비용은 85,000원으로 5.7배의 가격 차이가 났으며, 평균비용은 38,794원이었다. 소나타급(2.0급)의 경우 총 조사업체는 162곳이었고, 최소비용 10,000원에서 최대비용은 55,000원으로 5.5배 차이가 났으며, 평균비용은 37,586원이었다. 그랜저급 (2.7급 이상)의 경우 총 조사업체는 128곳이었고, 최소비용 15,000원에서 부터 최대비용은 60,000원으로 4배의 가격 차이가 났으며, 평균비용은 40,309원이었다.

〈표 4-22〉 대우오일 가격비교

(단위: 원)

구분	업체수	최소비용	최대비용	가격차	평균비용	가격편차
아반떼급 (1.5-1.6급)	209	15,000	85,000	70,000 (566.6%)	38,794	11,432
소나타급 (2.0급)	162	10,000	55,000	45,000 (550%)	37,586	11,411
그랜저급 (2.7급 이상)	128	15,000	60,000	45,000 (400%)	40,309	11,974

(13) 브레이크 오일

<표 4-23>에서 브레이크 오일의 가격을 조사한 결과, 아반떼급(1.5-1.6급)의 경우 총 조사업체는 577곳이었고, 최소비용 10,000원에서 최대비용은 100,000원으로 10배의 가격 차이가 났으며, 평균비용은 39,035원이었다. 소나타급(2.0급)의 경우 총 조사업체는 531곳이었고, 최소비용 10,000원에서 최대비용은 100,000원으로 10배 차이가 났으며, 평균비용은 40,894원이었다. 그랜저급(2.7급 이상)의 경우 총 조사업체는 527곳이었고, 최소비용 10,000에서 부터 최대비용은 150,000원으로 15배의 가격 차이가 났으며, 평균비용은 43,189원이었다.

〈표 4-23〉 브레이크 오일 가격비교

(단위: 원)

구분	업체수	최소비용	최대비용	가격차	평균비용	가격편차
아반떼급 (1.5-1.6급)	577	10,000	100,000	90,000 (1,000%)	39,035	10,527
소나타급 (2.0급)	531	10,000	100,000	90,000 (1,000%)	40,894	10,313
그랜저급 (2.7급 이상)	527	10,000	150,000	140,000 (1,500%)	43,189	11,777

(14) 부동액

<표 4-24>에서 부동액의 가격을 조사한 결과, 아반떼급(1.5-1.6급)의 경우 총 조사업체는 606곳이었고, 최소비용 15,000원에서 최대비용은 130,000원으로 8.7배의 가격 차이가 났으며, 평균비용은 34,840원이었다. 소나타급(2.0급)의 경우 총 조사업체는 567곳이었고, 최소비용 10,000원에서 최대비용은 110,000원으로 2.8배 차이가 났으며, 평균비용은 35,054원이었다. 그랜저급(2.7급 이상)의 경우 총 조사업체는 566곳이었고, 최소비용 15,000원에서 부터 최대비용은 110,000원으로 7.3배의 가격 차이가 났으며, 평균비용은 36,661원이었다.

〈표 4-24〉 부동액 가격비교

(단위: 원)

구분	업체수	최소비용	최대비용	가격차	평균비용	가격편차
아반떼급 (1.5-1.6급)	606	15,000	130,000	115,000 (866.6%)	34,840	9,104
소나타급 (2.0급)	567	10,000	110,000	100,000 (1,100%)	35,054	8,392
그랜저급 (2.7급 이상)	566	15,000	110,000	95,000 (733.3%)	36,661	9,025

(15) 배터리

<표 4-25>에서 배터리의 가격을 조사한 결과, 아반떼급(1.5-1.6급)의 경우 총 조사업체는 556곳이었고, 최소비용 10,000원에서 최대비용은 135,000원으로 13.5배의 가격 차이가 났으며, 평균비용은 101,906원이었다. 소나타급(2.0급)의 경우 총 조사업체는 530곳이었고, 최소비용 10,000원에서 최대비용은 150,000원으로 15배 차이가 났으며, 평균비용은 112,815원이었다. 그랜저급 (2.7급 이상)의 경우 총 조사업체는 532곳이었고, 최소비용 10,000에서 부터 최대비용은 170,000원으로 17배의 가격 차이가 났으며, 평균비용은 120,679원이었다.

〈표 4-25〉 배터리 가격비교

(단위: 원)

구분	업체수	최소비용	최대비용	가격차	평균비용	가격편차
아반떼급 (1.5-1.6급)	556	10,000	135,000	125,000 (1,350%)	101,906	15,907
소나타급 (2.0급)	530	10,000	150,000	140,000 (1,500%)	112,815	15,690
그랜저급 (2.7급 이상)	532	10,000	170,000	160,000 (1,700%)	120,679	17,471

(16) 브레이크 라이닝

〈표 4-26〉 브레이크 라이닝 가격비교

(단위: 원)

구분	업체수	최소비용	최대비용	가격차	평균비용	가격편차
아반떼급 (1.5-1.6급)	541	20,000	100,000	80,000 (500%)	50,396	13,707
소나타급 (2.0급)	524	20,000	120,000	100,000 (600%)	57,878	15,439
그랜저급 (2.7급 이상)	514	20,000	130,000	110,000 (650%)	67,969	17,940

<표 4-26>에서 브레이크 라이닝의 가격을 조사한 결과, 아반떼급(1.5-1.6급)의 경우 총 조사업체는 541곳이었고, 최소비용 20,000원에서 최대비용은 100,000원으로 5배의 가격 차이가 났으며, 평균비용은 50,396원이었다. 소나타급(2.0급)의 경우 총 조사업체는 524곳이었고, 최소비용 20,000원에서 최대비용은 120,000원으로 6배 차이가 났으며, 평균비용은 57,878원이었다. 그랜저급(2.7급 이상)의 경우 총 조사업체는 514곳이었고, 최소비용 20,000원에서부터 최대비용은 130,000원으로 6.5배의 가격 차이가 났으며, 평균비용은 67,969원이었다.

(17) 워셔액

<표 4-27>에서 워셔액의 가격을 조사한 결과, 아반떼급(1.5-1.6급)의 경우 총 조사업체는 323곳이었고, 최소비용 1,000원에서 최대비용은 20,000원으로 20배의 가격 차이가 났으며, 평균비용은 2,272원이었다. 소나타급(2.0급)의 경우 총 조사업체는 298곳이었고, 최소비용 1,000원에서 최대비용은 20,000원으로 20배 차이가 났으며, 평균비용은 2,179원이었다. 그랜저급(2.7급 이상)의 경우 총 조사업체는 290곳이었고, 최소비용 1,000원에서 부터 최대비용은 10,000원으로 10배의 가격 차이가 났으며, 평균비용은 2,063원이었다.

〈표 4-27〉 워셔액 가격비교

(단위: 원)

구분	업체수	최소비용	최대비용	가격차	평균비용	가격편차
아반떼급 (1.5-1.6급)	323	1,000	20,000	19,000 (2,000%)	2,272	2,136
소나타급 (2.0급)	298	1,000	20,000	19,000 (2,000%)	2,179	1,670
그랜저급 (2.7급 이상)	290	1,000	10,000	9,000 (1,000%)	2,063	816

(18) 타이어 교환(공임)

<표 4-28>에서 타이어 교환(공임)의 가격을 조사한 결과, 아반떼급(1.5-1.6급)의 경우 총 조사업체는 569곳이었고, 최소비용 2,000원에서 최대비용은 65,000원으로 32.5배의 가격 차이가 났으며, 평균비용은 11,311원이었다. 소나타급(2.0급)의 경우 총 조사업체는 535곳이었고, 최소비용 5,000원에서 최대비용은 65,000원으로 13배 차이가 났으며, 평균비용은 11,470원이었다. 그랜저급(2.7급 이상)의 경우 총 조사업체는 525곳이었고, 최소비용 2,000원에서 부터 최대비용은 65,000원으로 32.5배의 가격 차이가 났으며, 평균비용은 11,873원이었다.

〈표 4-28〉 타이어 교환(공임) 가격비교

(단위: 원)

구분	업체수	최소값	최대값	가격차	평균값	표준편차
아반떼급 (1.5-1.6급)	569	2,000	65,000	63,000 (3,250%)	11,311	6,702
소나타급 (2.0급)	535	5,000	65,000	60,000 (1,300%)	11,470	6,744
그랜저급 (2.7급 이상)	525	2,000	65,000	63,000 (3,250%)	11,873	7,618

(19) 에어컨 가스 완충 및 냉동유 교환

<표 4-29>에서 에어컨 가스 완충 및 냉동유 교환의 가격을 조사한 결과, 아반떼급(1.5-1.6급)의 경우 총 조사업체는 596곳이었고, 최소비용 20,000원에서 최대비용은 80,000원으로 4배의 가격 차이가 났으며, 평균비용은 56,634원이었다. 소나타급(2.0급)의 경우 총 조사업체는 562곳이었고, 최소비용 20,000원에서 최대비용은 100,000원으로 5배 차이가 났으며, 평균비용은 58,427원이었다. 그랜저급(2.7급 이상)의 경우 총 조사업체는 555곳이었고, 최소비용 20,000원에서 부터 최대비용은 120,000원으로 6배의 가격 차이가 났으며, 평균비용은 62,092원이었다.

〈표 4-29〉 에어컨 가스완충 및 냉동유 교환 가격비교

(단위: 원)

구분	업체수	최소비용	최대비용	가격차	평균비용	가격편차
아반떼급 (1.5-1.6급)	596	20,000	80,000	60,000 (400%)	56,634	10,996
소나타급 (2.0급)	562	20,000	100,000	80,000 (500%)	58,427	11,257
그랜저급 (2.7급 이상)	555	20,000	120,000	100,000 (600%)	62,092	12,856

6) 지역별 자동차 소모품가격 변동지수

지역에 따라 자동차 소모품의 가격 편차가 어느 정도인지 알아보기 위하여 <표 4-30>, <표 4-31>에서는 자동차 소모품별 가격의 변동지수를 산출하여 제시하였다. 변동지수는 가격의 표준편차를 평균비용으로 나눈 값이다. 소모품의 가격이 고가일수록 표준편차도 커지기 때문에 표준편차의 크기를 비교함으로써 소모품별로 가격 차이가 얼마나 나는지 파악하는데 어려움이 있다. 따라서 이를 해결하기 위하여 표준편차를 평균비용으로 나누어 주었다.

가격 편차가 가장 큰 항목은 타이어 교환 공임비용으로 나타났다. 타이어 교환 공임비용의 변동계수는 아반떼 0.592, 소나타 0.588, 그랜저 0.641로, 그

랜저 차종의 타이어 교환 공임비용의 편차가 가장 심하다. 특히, 부산과 충청도 지역의 타이어 교환 공임 비용의 편차가 다른 지역에 비해 매우 높았다. 이에 반해 강원도 지역에서의 가격 편차는 가장 낮았다.

다음으로 가격편차가 큰 항목은 수동 미션오일이다. 특히, 인천·경기도 지역의 경우 수동 미션오일의 비용이 평균적으로 높고, 가격 차이도 매우 컸다. 다음으로는 충청도 지역이었다.

가격편차가 낮은 품목은 배터리와 엔진오일(XQ)로 나타났다. 부산과 충청도 지역에서의 배터리 비용 편차가 비교적 큰 편이었고, 강원도와 인천·경기도 지역에서는 적었다. 엔진오일(XQ)는 강원도와 충청도 지역에서의 비용 편차가 상대적으로 적게 나타났다.

〈표 4-30〉 자동차 소모품별 가격 변동지수

항목	자동차 크기	전체	서울	인천·경기도	부산	강원도	충청도
엔진오일 (지크)	아반떼 (1.5급-1.6급)	0.232	0.235	0.258	0.208	0.059	0.118
	소나타 (2.0급)	0.227	0.225	0.255	0.197	0.068	0.120
	그랜저 (2.7급 이상)	0.222	0.221	0.228	0.106	0.152	0.281
엔진오일 (XQ)	아반떼 (1.5급-1.6급)	0.158	0.159	0.123	0.205	0.141	0.205
	소나타 (2.0급)	0.155	0.160	0.124	0.200	0.131	0.171
	그랜저 (2.7급 이상)	0.158	0.171	0.142	0.218	0.154	0.177
자동 미션오일	아반떼 (1.5급-1.6급)	0.231	0.197	0.189	0.228	0.227	0.238
	소나타 (2.0급)	0.225	0.237	0.173	0.212	0.173	0.247
	그랜저 (2.7급 이상)	0.220	0.243	0.188	0.209	0.148	0.261

항목	자동차 크기	전체	서울	인천·경기도	부산	강원도	충청도
수동 미션오일	아반떼 (1.5급-1.6급)	0.401	0.224	0.463	0.210	0.163	0.269
	소나타 (2.0급)	0.416	0.239	0.479	0.204	0.174	0.306
	그랜저 (2.7급 이상)	0.369	0.228	0.415	0.194	0.260	0.306
브레이크 오일	아반떼 (1.5급-1.6급)	0.275	0.229	0.193	0.261	0.273	0.350
	소나타 (2.0급)	0.255	0.228	0.181	0.259	0.260	0.262
	그랜저 (2.7급 이상)	0.276	0.221	0.233	0.356	0.266	0.251

〈표 4-31〉 자동차 소모품별 가격 변동지수

항목	자동차 크기	전체	서울	인천·경기도	부산	강원도	충청도
부동액	아반떼 (1.5급-1.6급)	0.266	0.193	0.219	0.207	0.142	0.542
	소나타 (2.0급)	0.242	0.202	0.214	0.211	0.142	0.434
	그랜저 (2.7급 이상)	0.279	0.219	0.215	0.223	0.155	0.441
배터리	아반떼 (1.5급-1.6급)	0.155	0.152	0.108	0.233	0.106	0.248
	소나타 (2.0급)	0.139	0.147	0.074	0.265	0.091	0.188
	그랜저 (2.7급 이상)	0.145	0.155	0.090	0.234	0.079	0.191
브레이크 라이닝	아반떼 (1.5급-1.6급)	0.277	0.221	0.199	0.308	0.220	0.410
	소나타 (2.0급)	0.270	0.240	0.155	0.348	0.170	0.400
	그랜저 (2.7급 이상)	0.268	0.261	0.178	0.323	0.158	0.390

항목	자동차 크기	전체	서울	인천·경기도	부산	강원도	충청도
타이어 교환 (공임)	아반떼 (1.5급-1.6급)	0.592	0.493	0.464	0.923	0.162	0.793
	소나타 (2.0급)	0.588	0.513	0.465	0.874	0.140	0.802
	그랜저 (2.7급 이상)	0.641	0.590	0.467	0.864	0.159	0.800
에어컨 가스 완충 및 냉동유 교환	아반떼 (1.5급-1.6급)	0.196	0.181	0.121	0.143	0.106	0.228
	소나타 (2.0급)	0.196	0.195	0.118	0.106	0.097	0.172
	그랜저 (2.7급 이상)	0.207	0.221	0.142	0.094	0.099	0.181

한국폴리텍Ⅳ대학 아산캠퍼스, 카포스아산지회, 아산시자원봉사센터는 2013년 4월 24일에 한국폴리텍Ⅳ대학 아산캠퍼스 본관 2층 회의실에서 영세사업자·장애인 자동차 수리 및 기술봉사 업무 협약을 체결했다. 협약 내용은 지역 영세사업자와 장애인을 위한 자동차무상점검, 장애인차량 검사지원, 자동차 정비시 할인서비스에 관한 사항과 폴리텍대학 아산캠퍼스 학생 봉사활동의 학점인정 등이다.

이날 고진수 학장은 "이번 기술봉사 협약은 우리나라에서 처음 시도되는 것으로 안다."며 "이번 협약을 통한 기술봉사가 지역의 산 · 학 · 연합을 통한 새로운 봉사의 영역이 열리는 계기가 되길 바란다"고 말했다. 최영길 회장은 "회원들의 사업장을 통한 자원봉사 참여가 어려운 이웃에게 실질적 도움이 될 수 있어 기대가 된다."며 "카포스 회원들의 적극적인 봉사를 위해 노력하겠다."고 밝혔다. 한편 김대경 자원봉사센터장은 "지속적인 단체 · 기관 · 기업과 업무 협약을 통해 자원봉사 참여가 일상의 시민생활문화로 자리 잡을 수 있는 토대가 되도록 추진하겠다."고 말했다(뉴스타운, 2013년 4월 25일).

5

자가용 이용 소비자의 자동차 정비서비스 이용행태

현대자동차는 전국 23개 직영 서비스센터와 1400여개의 서비스협력사로 구성된 국내 최대 서비스 네트워크인 '블루핸즈'로 최상의 고객서비스를 제공하기 위해 주력하고 있다. 2011년부터 환경 개선을 지속적으로 추진 중이며, 태블릿 PC를 통해 고객이 직접 정비 작업 현황을 확인할 수 있도록 시스템 개선도 병행하고 있다.

여성 전용 차량 종합 검진센터인 '블루미'와 정비 예약 콜센터인 '서비스예약센터'를 신설해 정비를 필요로 하는 고객들이 불편함 없이 서비스를 받을 수 있게 하고 있다. 집에서 수거해간 세탁물을 다시 집으로 갖다 주는 서비스처럼 자동차를 가져갔다 배달해주는 '홈투홈 서비스'와 차량에 문제가 발생하기 전에 고객을 찾아가서 점검해주는 '찾아가는 비포어 서비스'도 대표적인 고객 감동 서비스다.

고객과의 생생한 소통을 위해 고객센터를 통한 상담과 고객만족도 모니터링, 이메일 설문을 시행하고 있다. 차종별 동호회를 대상으로 정기모임을 진행해 고객의 의견을 적극 반영한다(한국경제 2013년 7월 10일).

1. 관련연구의 고찰

자동차 정비서비스는 이용자의 생명과 재산을 보호하고, 자연환경보호의 역할을 하며, 자동차 고장의 사전정비와 예방점검은 자동차의 수명연장은 물론 연료소모를 방지해 줌으로써 국가 경제에도 이바지한다고 볼 수 있다(여주대학교 산업기술연구소, 2001). 자동차 정비서비스 품질 관리에 관련된 연구들을 살펴보면 연구가 많지 않으나, 마케팅의 관점에서 이루어진 연구들이 대부분이다. 이준희(1999)는 서울지역의 정비업체를 이용하는 고객 203명을 대상으로 하여 고객만족, 서비스품질, 가격, 소요시간을 조사하였다. 서비스품질, 가격, 소요시간은 각각 고객만족에 정(+)의 영향을 미쳤고, 서비스 품질, 가격, 소요시간 중 서비스 품질이 고객만족에 강력한 영향을 미쳤다. 유연성, 임호순, 김연성(2001)은 현대, 기아, 대우, 삼성자동차서비스 이용고객 400명을 대상으로 하여 각 조직별로 서비스품질을 조사하였다.

오영희(2002)는 제주시내 정비업체 이용고객 228명을 대상으로 하여 고객만족, 재이용의도, 서비스품질을 조사하였다. 자동차 정비서비스 품질은 고객만족도와 재이용의도에 부분적으로 정(+)의 영향을 주었고, 고객만족도는 재이용의도에 정(+)의 영향을 주어 만족도가 높을수록 재이용의도도 증가하였다.

김영석(2007)은 벤츠 성산서비스센터 이용고객 35명을 대상으로 조사한 결과 소비자들은 신뢰성, 응답성, 확신성, 공감성, 유형성의 순으로 중요하게 생각하고 있었다고 밝혔다. 양창수(2009)는 경기지역 정비업체 이용고객 272명을 조사하였는데, 상호작용품질, 물리적 품질은 고객만족과 정(+)의 관계가 있으며, 고객충성도에도 정(+)의 영향을 미친다고 하였다.

Devaraj, Matta & Conlon(2001)의 연구에서는 자동차산업에서 고객충성도의 선행요인으로 제품과 서비스 품질 모두가 중요함을 밝히고 있다. 이에 반하여 Smith & Wright(2004)는 PC 시장에서 경로분석을 통하여 고객충성도의 결정요인으로 제품품질과 A/S 품질을 들고 있고, 이것이 매출증대와 ROA로 연결되는 모델을 설정하였다.

길혜준 등(2012)은 일반적인 서비스 전달 과정은 접근, 진단 및 계획, 실행,

서비스 지원의 단계를 거치는데 정비센터 이용 고객들은 접근, 핵심프로세스, 가격, 유형성, 서비스 지원으로 인식하고 있다고 하였다. 정비센터의 서비스품질과 자동차 재구매는 유의한 정(+)의 관계가 있고, 정비센터에 대한 고객충성도는 자동차 재구매에 유의한 영향을 미치지 않는다고 하였다. 이는 서비스센터에 대한 충성도가 제품의 구매로 연결되지 않는다는 결과이다. 이와는 달리 Cronin & Taylor(1992)는 고객에게 형성된 장기적인 태도인 서비스 품질에 대한 긍정적인 태도는 제품 재구매로 이어진다고 하였다. 다시 말하면 A/S 센터의 서비스품질이 자동차를 재구매하게 하는 중요한 요인의 하나가 되고 있다.

2. 자동차 정비서비스 이용소비자의 인식조사

1) 조사개요

2011년 9월 19일부터 30일까지 자가용을 이용하는 소비자 중 일주일에 4일 이상 직접 운전을 하는 사람을 대상으로 자동차 정비서비스 관련 인식조사를 실시하였다. 총 1,000명에게 면대면 방식의 설문조사를 진행하였으며, 응답이 불성실하거나 누락된 43부를 제외하고 최종분석자료로 957부를 가지고 분석하였다.

2) 조사대상자의 일반적 특성

조사대상자의 일반적 특성은 <표 5-1>에 제시되어 있다. 우선성별을 살펴보면 남성이 56.2%로 여성보다 많은 것으로 나타났다. 이들의 연령대는 20대가 12.9%, 30대는 27.2%로 두 번째로 많았고, 40대는 31.6%로 가장 많았고, 50대 23.8%, 60대 이상은 4.6%로 가장 적었다. 60대를 제외한 나머지 연령대에서 고루 자가용을 운전하는 것을 알 수 있다. 한주 당 운전하는 일수는 주 4일이 23.6%, 주 5일은 25.2%, 주 6일은 20.6%이었으며, 매일 운전하는 사람이 30.6%로 나타났다. 조사대상자의 지역별 분포를 분석해보면 서울과 경기도가 각각

23.1%로 가장 많았고, 그 다음으로 충청도로 13.7%, 강원도는 10.3%, 경북은 9.4%, 인천은 8.6%, 전라도는 7.0%, 부산·경남은 4.8%의 순으로 조사되었다.

〈표 5-1〉 조사대상자의 일반적 특성

(n=957)

구분		빈도	%
성별	남성	538	56.2
	여성	419	43.8
연령	20대	123	12.9
	30대	260	27.2
	40대	302	31.6
	50대	228	23.8
	60대 이상	44	4.6
1주당 운전일수	4일	226	23.6
	5일	241	25.2
	6일	197	20.6
	7일	293	30.6
조사지역	서울	221	23.1
	경기도	221	23.1
	인천	82	8.6
	부산·경남	46	4.8
	경북	90	9.4
	강원도	99	10.3
	전라도	67	7.0
	충청도	131	13.7

〈표 5-2〉 운전하고 있는 차종

구분		빈도	%
차종	중형	554	57.9
	소형	311	32.5
	경차	92	9.6
계		957	100.0

현재 운전하고 있는 차종을 <표 5-2>에서 살펴보면 중형차가 57.9%로 과반수를 약간 초과하였으며, 다음은 소형차가 32.5%를 차지하였고, 경차는 9.6%에 불과하였다.

3) 자가용 유지 관련 비용

자가용 유지와 관련된 비용은 <표 5-3>과 같다. 자가용 이용자들의 연평균 자동차 보험료는 643,147원이었고, 자동차 소모품 교체 비는 257,248원, 차량 수리비는 316,813원, 주차비는 136,323원으로 조사되었다. 월평균 주유비는 279,506원인 것으로 나타났다.

〈표 5-3〉 자가용 유지 관련 비용

구분	자동차 보험료	소모품 교체비	차량 수리비	주차비	월평균 주유비
응답자 수 (명)	938	754	584	665	952
평균 (원)	643,147	257,248	316,813	136,323	279,506
표준편차 (원)	292,394	251,150	482,306	227,534	186,940

〈표 5-4〉 1달 생활비에서 교통비가 차지하는 비율

구분	빈도	%
5% 이내	165	17.4
6~10%	324	34.2
11~15%	202	21.3
16~20%	129	13.6
21~25%	66	7.1
26~30%	36	3.8
31~35%	14	1.5
36~40%	3	0.3
41% 이상	8	0.8
계	947	100.0

1달 생활비에서 교통비가 차지하는 비율은 <표 5-4>에 제시되어 있다. 매월 생활비의 6~10%를 교통비로 사용하고 있는 사람이 34.2%로 가장 많았으며, 11~15%인 경우는 21.3%, 5% 이내인 경우는 17.4%, 16~20%인 경우는 13.6%의 순으로 나타났다. 조사대상자의 1/2 가량이 매월 생활비의 10%이내에서 교통비를 사용하고 있다고 볼 수 있다.

〈표 5-5〉 년간 자동차 보험료

구분	빈도	%
20만 원 이하	18	1.9
20~30만원	65	6.9
30~40만원	104	11.1
40~50만원	206	22.0
50~60만원	131	14.0
60~70만원	122	13.0
70~80만원	111	11.8
80~90만원	54	5.8
90~100만원	73	0.8
100~110만원	10	1.1
110~120만원	21	2.2
120~130만원	7	0.7
130만원 초과	16	1.7
계	938	100.0

년간 지불하는 자동차 보험료는 <표 5-5>와 같다. 년 40~50만 원 정도의 자동차 보험료를 내는 사람이 22.0%로 가장 많았으며, 그 다음으로 50~60만원이 14.0%, 60~70만원 13.0%, 70~80만원 11.8%의 순이었다.

〈표 5-6〉 년간 자동차 소모품 교체 비용

구분	빈도	%
5만 원 이하	47	6.3
5~10만원	171	23.1
10~20만원	251	33.7
20~30만원	137	18.4
30~40만원	33	4.4
40~50만원	58	7.8
50~100만원	38	5.1
100만원 초과	9	1.2
계	744	100.0

매년 자동차 소모품 교체에 소요되는 비용은 <표 5-6>과 같다. 년간 10~20만 원 정도의 비용을 지불하는 사람이 33.7%로 가장 많았으며, 년간 5~10만원은 23.1%, 년간 20~30만원은 18.4%로 나타났다.

〈표 5-7〉 년간 차량수리 비용

구분	빈도	%
5만 원 이하	18	3.5
5~10만원	152	29.8
10~20만원	151	29.6
20~30만원	95	18.6
30~40만원	29	5.7
40~50만원	5	1.0
50~100만원	50	9.8
100만원 초과	10	2.0
계	510	100.0

년간 차량 수리에 소요되는 비용은 <표 5-7>에 있다. 년간 5~10만원의 수리비용이 드는 사람은 29.8%, 10~20만원은 29.6%, 20~30만원은 18.6%, 50~100만원도 9.8%나 되었다.

〈표 5-8〉 차종별 월평균 주유비

(n=958)

구분	평균(원)	F비
중형차	310,974	
소형차	242,049	19.748***
경차	217,417	

*** p〈.001

차종별로 월평균 소요되는 주유 비는 <표 5-8>과 같다. 차종별로 월평균 주유 비는 p<.001 수준에서 통계적으로 의미있는 차이를 보였다. 구체적으로 중형자의 월평균 주유비가 310,974원으로 가장 높았고, 다음으로 소형차가 242,049원, 경차 217,417원이었다.

〈표 5-9〉 월평균 주유비

구분	빈도	%
10만 원 이하	69	8.1
10~15만원	118	13.9
15~20만원	238	28.0
20~25만원	89	10.5
25~30만원	213	25.1
30~40만원	14	1.6
40~50만원	69	8.1
50만원 초과	40	4.7
계	850	100.0

자가운전자의 월평균 주유 비는 <표 5-9>에 제시되어 있다. 월평균 주유비로 15~20만원을 사용하는 사람이 28.0%로 가장 많았고, 다음으로 25~30만원 사이가 25.1%, 10~15만원 사이는 13.9%, 20~25만원 사이가 10.5%로 나타났다.

4) 정비센터 이용경험 및 이용행태

최근 1년간 정비센터를 이용하여 자동차 수리를 한 경험이 있는지를 조사한 결과가 <표 5-10>에 제시되어 있다. 정비센터에서 수리한 경험이 있는 사람은 70.4%, 경험이 없는 사람도 29.6%나 되었다. 자주 이용하는 정비센터가 있는지를 물어본 결과 있다고 응답한 사람은 84.6%, 없다고 응답한 사람은 15.4%에 불과하였다. 조사대상자 대부분은 정비센터를 이용하여 자동차를 수리한 경험이 있으며, 10명 중 8명 정도는 고정적으로 방문하는 정비센터가 있음을 알 수 있다.

〈표 5-10〉 정비센터 이용경험 및 행태

구분		빈도	%
수리 경험	있다	674	70.4
	없다	283	29.6
단골 정비센터 이용 여부	있다	810	84.6
	없다	147	15.4
계		957	100.0

5) 정비서비스에 대한 인식

〈표 5-11〉 정비서비스에 대한 인식

(단위: 빈도(%))

구 분	그렇다	아니다	모르겠다
소모품 교체비용이 너무 비싸다	814(85.1)	108(11.3)	35(3.7)
점검 비용이 너무 비싸다	645(67.4)	254(26.5)	58(6.1)
차량 수리비용이 너무 비싸다	793(82.9)	121(12.6)	43(4.5)
정비와 차량 수리내역을 정확히 알 수 없다	580(60.6)	320(33.4)	57(6.0)
차량 수리서비스가 부실하여 다시 수리하는 경우가 많다	352(36.8)	529(55.3)	76(7.9)
정비센터마다 비용 차이가 크다	694(72.5)	210(21.9)	53(5.5)
불필요한 수리를 요구하는 경우가 많다	505(52.8)	390(40.8)	62(6.5)

정비센터에서 서비스를 이용한 사람들의 일반적인 인식을 조사한 결과는 <표 5-11>과 같다. 소모품 교체비용이 너무 비싸다고 응답한 사람은 85.1%로 가장 많았고, 다음으로 차량 수리비용이 너무 비싸다는 사람은 82.9%, 정비센터마다 비용 차이가 크다는 사람은 72.5%, 점검 비용이 너무 비싸다는 사람도 67.4%, 정비와 차량 수리내역을 정확히 알 수 없다는 사람은 60.6%, 불필요한 수리를 요구하는 경우가 많다는 경우가 52.8%의 순으로 나타났다. 정비센터 이용자들은 주로 서비스 비용에 대한 불만과 수리내역을 정확히 이해하는 것에 대한 어려움을 호소하고 있었다. 그 외 차량 수리서비스가 부실하여 다시 수리하는 경우가 많다는 사람도 36.8%로 나타났다.

6) 차량 수리비 확인 및 내역서 수령 여부

자동차 수리 후 비용을 확인하는지를 조사한 결과는 <표 5-12>와 같다. 정비센터를 이용하고 수리항목과 수리비를 대조하여 차량 수리비를 확인한다는 사람은 48.9%, 확인하지 않는 사람은 51.1%로 나타났다. <표 5-13>에서 차량 수리비 확인을 하지 않는 사람들에게 그 이유를 물은 결과, 전문지식이 없어서 확인해도 알 수 없기 때문에라고 응답한 사람은 49.3%, 다른 대책이 없어서가 31.1%, 정비센터를 신뢰하여서 확인하지 않는다는 사람도 17.8%로 나타났다.

〈표 5-12〉 차량 수리비 확인 여부

구분		빈도	%
수리비 확인	확인함	468	48.9
	확인하지 않음	489	51.1
	계	957	100.0

〈표 5-13〉 차량 수리비를 확인하지 않는 이유

구분		빈도	%
수리비 미확인 이유	확인해도 알 수 없어서	241	49.3
	정비센터를 신뢰하여서	87	17.8
	다른 대책이 없어서	152	31.1
	기타	9	1.8
	계	489	100.0

<표 5-14>에서 정비센터를 이용할 때 수리비에 대한 의구심이 들어 확인을 요청한 경험이 있는지를 조사한 결과, 25.9%만이 요청한 경험이 있다고 하였다. 2/3 이상의 소비자들이 의구심이 들었음에도 불구하고 확인을 하지 않고 있었다.

〈표 5-14〉 수리비 확인 요청 경험

구분		빈도	%
수리비 확인 요청	있다	248	25.9
	없다	709	74.1
	계	957	100.0

<표 5-15>에서 자동차 수리 후 영수증을 수령하는지에 대해 조사한 결과, 항상 받는다는 사람은 59.1%로 절반을 약간 넘는 수준이고, 영수증을 주면 받으나, 특별히 요구하지는 않는다는 사람은 36.3%로 나타났다. 그에 반해 영수증을 받아 본적이 없다는 사람도 4.3%로 나타났다. 많은 자동차정비업체의 경우 신용카드를 사용하지 않고, 현금영수증을 발급받지 않는 경우 정비요금을 할인해주기 때문에 이러한 결과가 나타났다고 볼 수 있다.

〈표 5-15〉 영수증 수령 여부

구분		빈도	%
영수증 수령 여부	항상 받는다	566	59.1
	주면 받고, 특별히 요구하지 않는다	347	36.3
	받아 본적 없다	41	4.3
	기타	3	0.3
	계	957	100.0

<표 5-16>에서 자동차 수리 의뢰시 수리견적서나 내역서를 발급받는지를 알아본 결과, 항상 받는다는 사람은 50.2%, 주면 받으나, 특별히 요구하지는 않는다는 사람은 44.0%, 수리견적서나 내역서를 받아 본적이 없다는 사람도 4.8%로 나타났다.

〈표 5-16〉 수리견적서 및 내역서 발급 여부

구분		빈도	%
수리견적서 및 내역서 발급	항상 받는다	480	50.2
	주면 받고, 특별히 요구하지 않는다	421	44.0
	받아 본적 없다	46	4.8
	기타	10	1.0
	계	957	100.0

<표 5-17>에서 자동차 수리 의뢰시 별도의 수고비나 급행료 명목의 비용을 요구받거나 지급한 경험이 있는지에 대해 알아본 결과, 있다고 응답한 사람은 10.0%에 불과하였다.

〈표 5-17〉 급행료 경험

구분		빈도	%
급행료	있다	96	10.0
	없다	861	90.0
	계	957	100.0

쌍용자동차가 코란도 투리스모의 경사로 주차 시 밀림 현상에 따른 무상점검을 실시하겠다고 공식 발표한 2013년 6월 25일에 자동차 업계의 한 관계자는 "이미 한 달 전부터 고객이 쌍용차에 차량 결함을 제기한 문제"라고 말했다. 그는 "당시 차량 문제로 피해자 가족이 많이 다쳤다는 제보를 받았다."며 "다수 소비자의 동일 증상에 따른 항의가 거세지자 뒤늦게 쌍용차가 무상점검을 해주겠다고 늑장대응 한 것"이라고 지적했다. 이날 쌍용차는 지난 2월5일부터 5월 14일까지 출고된 코란도 투리스모 3,662대에 한해 무상점검을 해주기로 했다.

2012년에는 현대자동차가 그랜저(HG)의 배기가스 실내 유입 결함을 놓고 해당 차량 9만여 대에 대해 리콜(시정조치)이 아닌 무상 수리를 진행해 네티즌 항의가 빗발쳤다. 이밖에도 차량 결함이 발생하면 국내 완성차 업체들은 그동안 자발적 리콜 보다는 무상점검을 해주는 식으로 대응했다. 앞으로 리콜과 무상 수리 차이를 놓고 소비자 불만은 가중될 것으로 예상된다.

리콜은 운전자 안전을 위협할 만큼 자동차 운행에 지장을 주는 결함이 발생할 경우 이를 시정 조치하는 것이다. 반면 무상 수리는 자동차관리법령에 규정된 결함이 아닌 품질상 문제로 제작사가 소비자 불편을 없애기 위해 제공하는 것을 뜻한다. 이번 코란도 투리스모의 문제는 운전자가 내리막길에서 'P모드(파킹 상태)'로 주차해 놓았어도 차가 밀려 내려가는 증상이다. 자동변속기 부품 중에 주차 케이블이 느슨해질 경우 발생할 수 있다. 이와 관련, 쌍용차 측은 내리막길에서 주차 브레이크를 사용하지 않은 상태에서 이같은 현상이 발생할 수 있으며 평지에선 문제가 없다는 입장이다.

쌍용차 관계자는 "이번 문제는 자동 변속(TGS, 트랜스미션 기어 쉬프트) 레버에 의도하지 않은 외력이 가해졌을 때 나타날 수 있는 것으로 조사됐다."며 "해당 차량의 TGS 부분을 강하게 조여 주는 작업을 해주기로 한 것"이라고 설명했다. 이어 "차량 주·정차 시 '주차 브레이크'를 반드시 사용하면 밀림 현상은 없다."고 덧붙였다.

그러나 쌍용차의 대응 시기를 놓고 뒷말이 여전하다. 쌍용차는 지난달 초 소비자 접수를 받았으나 지난 21일부터 소비자에게 무상점검을 통보한 것으로 알려졌다. 안일하게 대처했다는 고객 불만이 나올 수밖에 없는 시점이다. 쌍용차는 현재 코란도 투리스모 출고 차량에 대해서 작업공정 보완을 통해 간헐적으로 발생하는 문제를 해소했다고 밝혔다. 쌍용차가 무상점검에 들어가면서 리콜 여부를 결정하는 국토교통부는 리콜 명령을 제작사에 내릴 수 없게 됐다.

김필수 대림대 자동차공학과 교수는 "이미 쌍용차가 관련 문제를 놓고 무상점검을 하기로 발표한 상황이어서 국토부가 리콜 명령을 낼 수 없다."며 "이번 코란도 투리스모 문제는 운전자 안전과 직결되는 부분이어서 사실 제작사가 국토부와 협의해서 자발적 리콜 조치를 해야 할 문제"라고 말했다.

2011년 말에는 그랜저의 배기가스 실내 유입을 놓고 현대차가 무상점검을 해 소비자 불만이 거셌다. 교통안전공단이 리콜 권고의 필요성을 제기했으나 국토부는 '적극적 무상수리'로 경감 결정을 내리기도 했다. 소비자 피해를 줄이기 위해서라도 자동차 리콜 조치의 결정권을 쥐고 있는 국토부의 정확하고 신속한 대응체계가 요구되는 시점이다(한국경제, 2013년 6월 25일).

6

자동차 정비 관련 소비자피해

우리나라 자동차정비업은 종합정비업, 소형자동차정비업, 부분정비업 등으로 구분되는데, 2009년 6월말 현재 부분정비업체가 29,242개로 전체 정비업체(34,211개)의 85.5%를 차지하고 있다. 자동차정비와 관련된 소비자 피해는 자동차 정비업체 특히 부분정비업체(소위 카센터)가 점검 · 정비 견적서 및 내역서 발급의무 등 자동차관리법상의 5대 준수사항을 제대로 이행하지 않는데서 비롯되고 있다. 다음과 같은 사례를 예로 들 수 있다.

승용차를 7년째 타고 있는 여성운전자 A씨는 차가 도로에서 갑자기 멈춰 견인서비스를 받아 인근의 甲 카센터에 갔다. 카센터 종업원이 엔진이 완전히 망가져 엔진을 교체해야 한다고 하면서 수리비가 100만원이 든다고 하자, A씨는 너무 비싼 것 같아 乙 카센터로 가보았더니 수리비가 130만원이 든다고 하였다. 甲 카센터로 다시 가기 위해서는 견인비용이 추가로 들 것 같아 다른 카센터에서는 100만원에 해준다고 얘기했더니 30만원을 깎아 100만원에 수리해주겠다고 한다. 결국 A씨는 乙 카센터에 100만원을 주고 수리를 했으나 견적서와 내역서도 받지 못하고 왠지 속은 것 같은 찜찜함을 떨칠 수 없었다.

<표 6-1>에 의하면 자동차정비와 관련된 2002년에 상담건수는 1,978건이고, 피해구제건수는 197건으로 시작해서 2003년부터 2007년까지 2,000건을 넘었다가 2008년엔 1,284건으로 감소하였다. 전반적으로 상담건수에 비하여 피해구제건수가 매우 작은 것을 알 수 있다.

〈표 6-1〉 자동차 정비관련 연도별 상담 및 피해구제 건수

년도	'02	'03	'04	'05	'06	'07	'08	'09.9월
상담건수	1,978	2,361	2,086	2,250	2,202	2,133	1,284	1,152
피해구제건수	197	224	246	251	208	196	135	105

출처 : 한국소비자원

이 장에서는 자동차 정비서비스와 관련된 소비자불만사례를 분석하여 제시하고자 한다. 2011년 1월부터 12월까지 1년 동안 전국소비자상담센터 1372에 접수된 자동차 정비관련 상담사례 총 646건을 살펴본 결과는 다음과 같다.

1. 자동차정비 관련 선행연구

윤영삼 · 서용무(2003)는 데이터 마이닝을 활용하여 국내 자동차정비서비스센터 CRM 전략을 도출하였다. 고객관련 데이터를 수집하여 R-F-M 변수를 활용하여 고객등급을 설정하였다. R-F-M 변수는 적은 수의 변수로 고객의 구매와 관련된 행동에 존재하는 특성을 추출할 수 있어서 직접 마케팅에서 자주 활용되는 기법이다.

그 다음에는 설정된 등급을 바탕으로 하여 의사결정나무를 이용하여 고객등급모델을 구축하였다. 의사결정나무 기법은 데이터 마이닝 기법 중에서 분류작업에 주로 활용되는 것으로 과거에 수집된 데이터의 레코드들을 분석해서 이들 사이에 존재하는 패턴, 즉 클래스별 특성을 속성의 조합으로 나타내는 분류모형을 나무의 형태로 만들어 이질적인 집단들에 대해 일정한 기준을

적용하여 동질적인 집단끼리 분류하는 것이다.

마지막 단계에서는 순차패턴 기법을 이용하여 고객등급, 차량이름 주행거리별로 고객서비스패턴을 탐색하고 그 결과를 바탕으로 해서 고객등급별 차별화전략 및 고객서비스에 관한 추천과 공지 등의 전략을 제시하였다. 순차패턴 탐색은 연관규칙 탐색에 시간의 개념을 추가한 것이다. 연관규칙의 탐색은 데이터로부터 항목의 연관성 정도를 측정하여 연관성이 많은 항목을 그룹화하는 세분화의 일종이다.

윤성환(2012)은 중국 자동차시장에서 국내외업체들의 경쟁이 나날이 치열해지고 있는 상황 속에서 중국에 진출한 국내의 가장 대표적인 자동차업체인 현대자동차의 정비서비스에 초점을 맞추어 지각된 서비스품질과 고객만족, 고객신뢰 및 고객충성도간의 유기적인 관계를 규명하였다. 중국 자동차시장에 이미 진출했거나 향후 진출하고자 하는 국내 자동차업체들의 바람직한 판매 후 서비스전략을 도출하는데 일조하였다는 점에서 다음과 같은 시사점을 갖는다.

첫째, 이 연구는 서비스품질을 고객충성도 형성의 하나의 출발점으로 보고 있다. 따라서 출발점에 대한 체계적이고 종합적인 기존 문헌의 검토를 실시한 후, 다차원적 구성개념의 서비스품질차원 모형을 도출하였다. 서비스품질에 대하여 단일차원으로 간주하여 질적인 차이를 반영하지 않았던 기존연구의 한계를 극복하고, 질적인 차이가 반영된 다차원적 구성개념으로서 보고 접근하였다. 서비스품질 각각의 서로 다른 질적 특성이 충분히 반영되었기 때문에 기존 연구의 결과보다 더욱 실제적인 관리적 시사점을 제공할 수 있는 이론적 구조를 사용하고 있는 것으로 평가된다.

둘째, 자동차정비 서비스품질의 세 차원의 영향력을 살펴보면, 서비스 환경품질보다는 과정품질과 결과품질이 더 중요하다는 것을 발견하였다. 이는 실용적인 중국인들의 특성을 반영한 연구결과로서, 향후 북경현대자동차 서비스센터는 사업장내의 쾌적한 환경이나 편의시설 등 물리적 환경에 중점을 두기보다는 고객과의 접점에 있는 직원들에 대한 친절 및 서비스 교육실천을 통하여 보다 나은 서비스수준을 갖출 수 있도록 해야 할 것이다. 또한, 정비서비스 가치증대를 위해 서비스 수수료와 정비시간 대비 정비효과가 우수하게 지각될 수 있도록 노력해야 할 것이다.

셋째, 고객만족 및 고객신뢰에 영향을 미치는 경로계수의 값이 결과품질이 과정품질보다 더 높게 나타난 바, 이를 통하여 자동차정비 서비스의 결과품질이 과정품질보다 더 중요한 것으로 밝혀졌다. 중국에 있는 북경현대자동차 서비스센터의 경우, 서비스품질 향상을 추구함에 있어 지나치게 과정품질에만 중점을 두어 온 것이 사실이다. 또한, 실제로 동종 업종내 경쟁 업체간에 결과품질의 차별화가 점차 어려워지자 다른 서비스 품질차원으로써 차별화를 달성하고자 노력하는 자동차 서비스센터들도 많았다. 그러나, 중국고객들을 대상으로 한 본 연구를 통하여 결과품질이 만족스럽지 못하다면 과정품질의 차별화만으로 고객을 만족시키기가 어렵다는 것을 알게 되었다.

마지막으로, 비록 자동차정비 서비스에서 서비스 환경품질이 고객신뢰에는 유의한 영향을 미치지 못하는 것으로 나타났지만, 고객만족에 대하여는 유의한 영향을 미치고 있는 것으로 나타났다는 점이다. 이는 중국 북경현대 자동차 서비스 환경품질이 소비자들을 만족시키고 있지만 고객신뢰수준에는 미달되는 결과로 이해될 수 있을 것이다. 따라서 북경 현대자동차 서비스센터에서는 고객의 신뢰를 유도할 수 있는 다양한 차원에서의 서비스제공 방안이 강구되어야 함을 시사하고 있다.

박종오 · 박인선 · 양창수(2010)는 서비스 품질수준을 결과품질, 상호작용품질, 물리적 품질 등 3개의 요인으로 구분하였고, 서비스 품질이 고객만족과 고객충성도에 미치는 영향관계를 검증하였다. 이들 서비스 품질요인 중에서 결과품질을 제외하고 상호작용품질, 물리적 품질 등이 정비서비스에 대한 고객만족에 정(+)의 유의적인 영향을 미치고 있었다. 그러므로 자동차 정비서비스의 품질은 서비스 문의와 상담에 대한 친절한 해결, 직원들의 예의와 신뢰감, 고객이나 서비스 대상에 대한 관심 정도 등의 상호작용품질을 향상시키고 최신장비, 훌륭한 설비, 시설 등의 물리적 품질 개선 노력으로 고객만족도를 더욱 더 증가시킬 수 있도록 해야 할 것이다. 그리고 신속한 서비스 전달, 고객욕구에 대한 배려, 약속한 서비스 제공, 전문적인 지식 등의 결과품질이 고객만족에 영향을 미치지 않은 결과가 도출되었는데, 이러한 결과 품질요인들에 대한 서비스 개선을 통해 고객만족도를 높일 수 있도록 해야 할 것이다.

서비스품질 특성이 고객충성도에 미치는 영향관계를 실증분석 한 결과, 서비스품질 중 결과품질에서는 고객충성도에 의미 있는 영향을 미치지 않았지만, 상호작용품질과 물리적 품질이 고객충성도에 정(+)의 영향을 미쳤다. 이것은 정비서비스업체의 경우에 결과품질보다는 고객과의 상호작용품질이나 물리적 품질에 더 큰 배려가 있어야 한다는 것을 시사하고 있다. 또한 고객이 자동차 정비서비스에 만족하면 재방문 하겠다는 생각을 가지게 되고, 결과적으로 재방문한다는 것으로 해석할 수 있다.

고객만족이 고객충성도에 미치는 영향관계를 검정한 결과 유의한 정(+)의 관계를 나타냈으며, 이런 결과는 고객만족이 고객충성도에 영향을 미친다는 많은 선행연구 결과와도 일치하는 것으로 볼 수 있다. 따라서 고객만족을 향상시키는데 노력함으로써 더 많은 고객들이 자동차 정비서비스를 위해서 재방문하고 다른 사람들에게 추천이나 권유할 수 있도록 해야 할 것이다.

2. 소비자상담 대상자의 일반적 특성

〈표 6-2〉 소비자상담 대상자의 일반적 특성

구분		빈도	%
성별	남성	511	79.1
	여성	135	20.9
	계	646	100.0
연령	20대	37	9.9
	30대	106	28.4
	40대	112	30.0
	50대	87	23.3
	60대	31	8.3
	계	373	100.0
차량	신차	98	82.4
	중고차	21	17.6
	계	246	100.0

소비자상담 대상자의 일반적 특성은 <표 6-2>와 같다. 전국소비자상담센터에 상담을 의뢰한 사람들의 성별을 살펴보면 남성 79.1%, 여성 20.9%로 여성보다는 남성의 불만사례접수가 더 많음을 알 수 있다. 연령은 40대가 30.0%로 가장 많았고, 다음이 30대 28.4%, 50대 23.3%, 20대 9.9%, 60대 8.3% 순이었다. 불만을 접수한 차량은 신차가 82.4%로 중고차 17.6%에 비하여 압도적으로 많았다.

3. 소비자불만 및 피해사례

소비자불만 및 피해사례는 <표 6-3>에 제시되어 있다. 가장 많이 접수된 내용으로는 수리 부실, 불성실한 서비스, 부품이 부실한 경우가 22.9%로 가장 많았다. 그 다음으로는 수리비가 비싸고, 과다 청구가 의심된다는 상담으로 16.2%를 차지하였다. 자동차 보상책임에 대해 묻는 경우나 보험사의 보상이 지연되는 경우는 12.8%로 세 번째로 많았으며, 수리한지 얼마 되지 않아 다시 고장 났다는 사례가 12.3%, 무상 수리 가능여부 및 수리비 보상청구에 대한 문의가 10.7%, 중고차 구입 후 수리비용이 추가로 소요되었다는 불만이 8.2%로 나타났다.

그 밖에 수리업무 지연이 4.4%, 차주의 동의 없이 임의 수리를 한 경우가 4.0%, 카드 결제 시 거부 및 부당한 처리가 3.6%, 수리견적서 미발급 및 수리내역 미고지가 3.4%로 나타났다. 기타로는 신차를 구입했음에도 불구하고 수리내역이 있는 경우, 수리업체 업무 시간에 대한 불만, 부품을 판매하지 않는 정비업체에 대한 불만, 자동차 성능점검기록부 미교부 등이 있었다.

<피해사례 1>

자동차에 문제가 있어 제조사 정비업체에 정비를 의뢰하였습니다. 정비 의뢰시 수리기간에 대하여 명시해주었으나 회사 내의 파업으로 인해 차량 정비일자가 지연된다고 연락이 와서 지연에 대한 보상을 요구하니 보상을 하기 어렵다고 합니다. 처음 정비 의뢰시 약정한 날짜를 지키지 못한 부분에 대한 보상을 요구할 수 없는지요?

〈표 6-3〉 소비자불만 및 피해사례

구분		빈도	%
소비자 불만	수리 부실 / 서비스 불성실 / 부품 부실	142	22.9
	수리비가 비싸고, 과다 청구 의심	100	16.2
	자동차 보상책임 문의 / 보험사 보상지연	79	12.8
	수리 후 재고장	76	12.3
	무상 수리 가능여부 및 수리비 보상청구 문의	66	10.7
	중고차 구입 후 추가 수리비 소요	51	8.2
	수리업무 지연	27	4.4
	동의 없이 임의 수리	25	4.0
	카드결제 거부 및 부당 처리	22	3.6
	수리견적서 미발급 및 수리내역 미고지	21	3.4
	기타	10	1.6
	계	619	100.0

공정거래위원회 고시(제2011-10) 소비자분쟁해결기준에 의하면 자동차 정비의뢰 후 정당한 사유의 통보 없이 약정한 날로부터 수리기간이 초과한 경우 초과기간에 대한 교통비 실비지급을 요구할 수 있습니다. 다만 공휴일, 파업, 천재지변, 기타 불가항력으로 인한 수리 지연기간은 제외하도록 되어 있습니다. 문의하신 내용과 같이 파업으로 인해 수리가 지연된 경우라면 별도의 보상을 요구하기 어렵습니다.

<피해사례 2>

2년 전 구입하여 55,000km 정도 운행한 승용차에 집 근처 주유소에서 주유 후 5km 정도 운행하였는데 시동 꺼짐 현상이 발생하였습니다. 자동차 제조사 정비공장에 입고 무상 수리를 요구하였으나 그 정비공장에서는 연료불량으로 문제가 발생하였다며 시동 꺼짐 현상에 대한 책임을 주유소에 전가시키고 있습니다. 무상 수리를 받을 수 있는 방법은 없는지요?

품질보증기간 이내에 보증수리를 거부하는 경우에는 자동차 제조사에 거부 사유를 입증할 수 있는 객관적 자료를 요청할 수 있습니다.

소비자는 차량의 전문적 지식이 부족하여 자동차 제조사의 정비기술자 의견만 듣고 객관적 판단을 내리기가 어렵습니다. 위 사례의 경우 소비자는 주유소에서 판매한 연료가 문제인지, 자동차 자체의 결함에 의한 문제인지 알 수가 없습니다. 따라서 소비자는 자동차 제조사의 정비기술자에게 연료불량으로 인해 시동 꺼짐 현상이 발생되었다는 객관적 자료를 요구할 수 있습니다.

만일, 자동차 제조사에서 객관적 자료를 제시하지도 않고 무조건 보증수리를 거부하는 경우에는 자동차 제조사의 정비기술자 입회하에 문제의 연료를 차량에서 채취 봉인하여 한국석유관리원 등에 시험을 의뢰하실 수 있습니다. 시험검사 결과 연료 불량이 아니라면 보증수리를 요청할 수 있으며 이를 사업자가 거부하는 경우에는 소비자기본법에 의거 피해구제를 신청하실 수 있습니다.

<피해사례 3>

20011년씩 소형 승용차로 고속도로 주행 중 엔진과열로 시동이 꺼져 근처 카센터로 견인하여 실린더헤드를 교체하고 운행 중 한달 후 동일한 하자로 시동이 꺼지는 현상이 발생하여 카센터에 무상 수리를 요구하였으나 수리를 거부하고 있습니다.

공정거래위원회 고시(제2011-10) 소비자분쟁해결기준에 의하면 자동차 정비의뢰 후 정당한 사유의 통보 없이 약정한 날로부터 수리기간이 초과한 경우 초과기간에 대한 교통비 실비지급을 요구할 수 있습니다. 다만 공휴일, 파업, 천재지변, 기타 불가항력으로 인한 수리 지연기간은 제외하도록 되어 있습니다. 문의하신 내용과 같이 파업으로 인해 수리가 지연된 경우라면 별도의 보상을 요구하기 어렵습니다.

<피해사례 4>

A사가 제조 · 판매한 농업용 트랙터의 노후화로 고장이 발생하여 A사에 수

리를 의뢰했으나 부품이 없어 즉시 수리를 받지 못하였습니다. A사는 부품을 수입해 트랙터 수리를 완료하고 최 씨에게 수리비 6백만 원을 청구했습니다. 수리 기간이 1개월 이상 소요돼 농번기에 작업을 하지 못해 손해를 봤으므로 수리비를 지불할 수 없다고 하니 A사는 수리비를 지불하지 않으면 트랙터를 인도할 수 없다고 합니다. 이 경우 수리비를 지불해야 하나요?

카센터에 무상 수리를 요청할 수 있습니다. 자동차정비업 관련 소비자피해 보상기준에 의하면 정비잘못으로 인하여 해당부위 또는 관련부위에 하자가 재발한 경우에는 차령 2년 이상 또는 주행거리 4만km 초과 차량의 경우 최종 정비일로부터 60일 이내에 무상 수리를 받을 수 있습니다.

4. 정부의 대책

1) 자동차정비 피해구제 신고센터

자동차 점검 · 정비 관련 소비자원의 상담 및 피해구제 내역을 살펴보면, ① 수리비 과다청구, ② 자동차 소유주의 승인 없는 임의수리, ③ 정비한 사실 없이 허위로 대금청구, ④ 자동차정비업체의 정비소홀로 인한 재고장, ⑤ 중고부품 사용 후 신부품 사용대금 청구 등의 소비자피해가 발생하고 있다. 자동차 정비업 분야의 소비자 피해구제 및 피해예방을 위해 2009년부터 소비자원에 '자동차정비 피해신고센터'를 설치하여 자동차관리법상 자동차 정비업체(소위 카센터)의 5대 준수사항을 소비자들에게 홍보하는 동시에 소비자 피해구제 및 위반업체에 대한 과태료 부과를 추진하고 있다(<표 6-4> 참고). 전담자를 지정하여 직통 신고전화를 운영하고 홈페이지(www.kca.go.kr)에서 인터넷 상담이 가능하도록 조치하였다.

〈표 6-4〉 자동차정비업체의 5대 준수사항

1. 정비를 의뢰한 자에게 점검·정비 견적서와 내역서를 교부할 것 2. 정비의뢰자의 요구 또는 동의 없이 임의로 자동차를 정비하지 않을 것 3. 정비에 필요한 신 부품·중고품 또는 재생품 등을 정비의뢰자가 선택할 수 있도록 알려줄 것 4. 점검·정비 견적서와 내역서를 1년간 보관할 것 5. 점검·정비의 잘못으로 인해 아래의 기간 중 발생하는 고장에 대해서는 무상점검·정비할 것 - 차령 1년 미만 또는 주행거리 2만 킬로미터 이내의 자동차 : 점검·정비일로부터 90일 이내 - 차령 3년 미만 또는 주행거리 6만 킬로미터 이내의 자동차 : 점검·정비일로부터 60일 이내 - 차령 3년 이상 또는 주행거리 6만 킬로미터 이상의 자동차 : 점검·정비일로부터 30일 이내

자동차정비와 관련된 소비자피해에 대해서는 피해구제 절차를 진행하고, 견적서 및 내역서 미발급 행위 등에 대해서는 신고내용을 관할 시 · 군 · 구청에 통보하여 과태료가 부과되고 있다. 1단계로 소비자원 피해구제 전담직원의 사실조사와 법률조사를 거쳐 피해보상 합의를 소비자와 사업자에게 권고하고, 일방 당사자가 권고안을 수용하지 않으면 2단계로 소비자분쟁조정위원회에 조정을 요청하도록 규정하고 있다.

내역서와 마찬가지로 자동차관리법 시행규칙에 견적서 양식을 마련하고, 자동차 소유주의 사전 동의 없는 임의정비를 방지하기 위해 견적서 발급 후 추가정비 부분에 대해 소비자 동의를 받았는지를 견적서 또는 내역서에 표시하도록 하는 한편, 현행 과태료 수준을 상향 조정하였다. 자동차관리법(제84조)상 과태료 상한은 100만원이나, 자동차관리법 시행령(제20조)은 과태료를 30만원으로 규정하고 있기 때문이다.

2) 외제차 정비문제

“도로에 늑대가 나타났다.”고 보험회사들이 홍보하는 사이 외제차 운전자들은 실제 늑대가 됐다. ‘슬쩍 스치기만 해도 보험사에서 쏠쏠히 챙길 수 있다'는 사실은 외제차 운전자들의 상식이 됐다. 외제차는 '도로의 갑'이 됐고 나머지 운전자들은 이들을 피해 다니는 을이 됐다."

최근 한 경제 일간지 논설위원의 글이다. 자신이 직접 겪은 '을' 사례를 소개하며 수입차의 횡포를 바로잡아야 한다고 목소리를 높였다. 하지만 수입차가 '도로의 갑'이 된 것은 사실 어제오늘의 일은 아니다. 지금으로부터 34년 전, 그때도 수입차는 '늑대'였다. 어쩌다 실수로 수입차 라이트를 하나라도 부쉈다면 50~60만원은 물어줘야 했다고 한다. "국산차의 경우 한 개 5천원밖에 안 하는 테일 라이트가 50만원, 3천~4천 원대 쇼바가 10만원을 훨씬 넘었다"고 하며, "중고 택시가 벤츠 문짝이라도 건드리는 날이면 택시를 팔아도 수리비를 못 댈 게 뻔하다."고도 했다.

1979년 5월 25일자 <동아일보> 기사에는, '갑'의 위세가 어느 정도였는지 더 적나라하게 나타난다. 고가도로에서 '도요타 로열살롱'을 추돌하고 도망갔던 시내버스 운전자가 잡혔는데, 사고로 인한 외제차 피해 견적이 국산차의 1백배나 나왔다는 것이다. 경찰이 다 놀랄 정도였다고 한다. 보도를 보면 당시 견적은 자그마치 1160만 원이었다고 한다. 또 다른 피해차인 포니의 견적은 11만 원으로, 신형 포니 판매 가격과 비교해도 3~4배가 됐다고 한다.

이러한 사례는 외제차 수입 개방 조치 이후 더욱 빈번하게 일어난다. 다음은 "고급 승용차는 서민차를 들이받아 아무리 큰 피해를 내도 수리비가 몇 푼 안 돼 벌이 약하다"며 1995년 한 독자가 신문에 억울함을 호소한 경우이다.

"친구가 트럭운전을 하다 외제차 볼보와 충돌, 경찰에서 쌍방 과실로 인정됐으나 차 문짝을 새로 해주는 바람에 3백50만원을 물어줬다. 이 사고로 상대 운전자는 벌점 처벌만 받았지만, 친구는 35일 간의 면허 정지까지 당했다."

비싼 '갑'의 수리비 덕분에 보험사 손해율은 상승한다. 보험료가 오른다. 그런데 엉뚱하게도 그 불똥이 '을'에게도 튄다. 수입차 운전자만이 아니라 국산차 운전자 보험료도 인상된다. '갑'의 수리비, '을'이 메우는 격이다.

민병두 민주통합당 의원 실에서 국내 5대 손해보험사 자료를 분석한 결과(<표 6-4> 참고), 2011년 4월부터 2012년 3월까지 수입차 사고 한 건당 지급한 평균 수리비는 261만8000원이었다. 국산차의 경우는 평균 84만 6000원이었다. 수리비가 3배 정도 더 비싼 것이다. 그런데 보험개발원 자료를 보면 수입차 보험료 수준은 수리비의 절반 정도에 불과하다. 차량 가격 6260만원인 BMW 520d의 보험료는 156만2000원, 에쿠스 VS380(차량 가격: 6880만원)의 경우는 99만5000원으로 보험료 차이가 1.6배 밖에 나지 않는다.

차량 가격 4665만원인 제네시스 BH330 모던스페셜에 비해 비슷한 가격대 수입차 평균 보험료 차이 역시 1.6배에 불과하다. 3천만 원 대 그랜저 HG330 노블의 경우는 보험료 차이는 1.4배 수준이다. 수입차 수리비가 국산차의 경우보다 훨씬 비싼데도, 수입차 보험료는 가격에 훨씬 못 미치는 수준이다.

〈표 6-4〉 보험개발원의 수입차 및 국산차 가격대별 보험료 비교(2013년 3월 11일 기준)

구분	모델명	배기량	가격	보험료	국산차 대비
6천만원대	에쿠스 VS380 럭셔리	3.778	68.800.000	995.190	1.0배
	BMW 520d	1.995	62.800.000	1.562.088	1.8배
	벤츠 E300 3.5 엘레강스	3.498	68.000.000	1.452.095	1.5배
	BMW 528i	1.997	66.100.000	1.627.829	1.8배
	A6 3.0 TDI 콰트로	2.967	68.800.000	1.525.081	1.5배
	수입차 평균	-	68.375.000	1.541.773	1.5배
4천만원대	제네시스 BH330 모던스페셜	3.342	46.650.000	868.880	1.0배
	폭스바겐cc 2.0 TDI	1.968	49.100.000	1.480.520	1.7배
	BMW 320d	1.995	47.500.000	1.288.777	1.5배
	수입차 평균	-	48.300.000	1.373.649	1.8배
3천만원대	그랜저 HG300 노블	2.999	35.270.000	803.605	1.0배
	도요타 캠리 2.5XLE A/T	2.494	33.700.000	1.067.687	1.3배
	폭스바겐 티구안 2.0 TDI	1.968	36.900.000	1.168.070	1.5배
	폭스바겐 골프 2.0 TDI	1.968	32.800.000	1.088.930	1.4배
	도요타 프리우스 M	1.798	37.400.000	1.161.252	1.4배
	수입차 평균	-	35.150.000	1.120.985	1.4배

사정이 이러하니 '을'의 부담만 더욱 커져간다. 1997년 8월, 종전 2천만 원, 3천만 원 두 종류였던 대물배상 가입한도에 5천만 원, 1억 원짜리가 추가된다. 2012년 'S손해보험사'의 자동차보험 계약 통계는 이렇다. 대물배상 1억 원 이상 가입자는 96%, 2억 원 이상 가입자도 전체 계약자의 절반이 넘는다. 즉

비싼 외제차량 수리비 부담 가능성이 '을'에게 불리하게 작동했다는 것이다. 현재 업계에서는 이로 인해 연간 660억원의 보험료가 수입차 때문에 낭비되는 것으로 보고 있다.

이렇듯 '늑대'가 통제되지 않으니, '양치기 소년들'이 꼬이기 마련이다. 헐값으로 사들인 외제차를 이용해 교통사고를 조작하고 거액을 뜯어낸 조직 사기단이 적발됐다고 하더니, 최근에는 역시 고가 외제차를 이용해 보험사기를 저지른 인터넷 동호회 회원들이 무더기로 경찰에 잡혔다고 한다. 전직 카레이서까지 가세한 보험사기 사건 역시 최근 소식이다.

이러한 문제를 해결하기 위하여 공정거래위원회가 수입차 차량·부품 판매가격을 조사하기 위해 현장 조사에 나섰으며, 손해보험협회도 수입차 수리비 횡포를 막기 위한 태스크 포스를 구성한 것으로 알려졌다. 민병두 의원은 미국 인증자동차부품협회(CAPA) 인증 대체 부품을 도입해서 외제차 수리비를 낮추겠다는 복안을 담고 있는 '자동차 관리법 개정안(외제차 수리비 폭리 근절법)'을 내놓기도 했다. 물론 외제차 업계에서는 실효성이 없다며 반발하고 있다(오마이뉴스, 2013년 6월 28일).

2013년 6월 19일에 서울 여의도 화재보험협회 대강당에서 열린 '수입차 부품가격 인하 및 대체부품 활성화 방안 세미나'에서 Jack Gilles CAPA 회장과 대림대 김필수 교수 등은 수입자동차 부품에 대한 개선방향을 제시했다. 김필수 대림대 자동차학과 교수는 '자동차보험 수리용 부품의 국내외 사용현황 및 향후 개선방안' 주제발표를 통해 "수입차 수리비는 약 6419억 원으로 17.7% 증가했고, 수입차 건당 평균 수리비는 261만8000원으로 국산차의 3.1배였다"고 말했다.

김교수는 "반면 보험수리작업에 사용되는 Non-OEM 부품은 극히 일부로 제한돼 있어 통계에 잡히지 않을 정도"라며 "한국 수입자동차 부품비용의 합리화를 위해서는 국내 Non-OEM부품 생산, 병행 수입, 재활용부품 활성화 등이 필요하다"고 주장했다. 우수한 품질을 갖춘 대체부품이 보험수리에 적극 사용될 수 있도록 제도적 장치 마련 및 다양한 인센티브를 제공하고, 소비자의 부정적인 Non-OEM부품, 재제조용품, 재활용부품 등에 대한 인식을 전환시켜야 한다는 것이다. 그는 "북미나 유럽의 경우 오래전부터 OEM 부품 이외에 다양한 대체부품 사용을 위한 품질인증제도를 운영 중에 있으며, 북미의 경우 보험사가 부품비로 지급한 전체비용 중 대체부품 사용률이 약 34%에 이른다."고 덧붙였다.

이날 외제차 수리비를 대폭 낮추는 것을 골자로 하는 '자동차관리법 일부개정 법률안'을 대표 발의한 민주당 민병두 의원은 "외제차 부품 등 자동차부품의 경우 특정 브랜드 부착 상품이 아니더라도 성능과 품질이 동일 또는 유사한 부품을 사용할 경우 부품 비를 절감할 수 있다."며 "대체부품 활성화를 위하여 부품 품질인증기관의 인증 등 일정 요건에 해당하는 경우에는 부품자기인증을 면제할 수 있도록 할 필요가 있다."고 말했다.

그는 "외제차에 지급된 자동차보험금은 매년 약 25%씩 증가하고 있는 상황"이라며 "평균수리비는 국산차 대비 외산차가 3배 이상, 부품 비는 5배 정도 차이가 나고 있다."고 말했다. 이에 "현행법에서는 부품명 · 부품가격 자료 · 일련번호 등 자동차부품의 자료 제공 항목 및 대상이 세분화되지 않은 문제점이 있어, 자료 제공 항목 및 대상을 구체적으로 명시해 외제차 수리비 절감효과를 도모해야 한다."며 "정비의뢰자가 자동차 정비 업자에 수리를 의뢰하는 경우에는 수리항목별 시간당공임, 작업시간, 부품정보 등 세부 수리내역을 소비자에 안내하도록 해 정비업자의 수리비 청구 내역의 투명화를 제고할 필요가 있다."고 말했다(서울파이낸스, 2013년 6월 19일).

3) 손해보험사와 정비업체간 상생협력 추진

정부가 손해보험사와 정비업체간 상생협력 추진에 적극적으로 나서고 있어, 그 동안 정비요금을 둘러싸고 깊어진 갈등의 골을 풀어낼 수 있을지 귀추가 주목된다. 국토교통부는 2013년 7월 18일 정부과천청사에서 메리츠 화재, 경기도 자동차 검사 정비사업조합 등과 3자 간 '자동차보험정비정책 상생협력 협약'을 체결하였다고 밝혔다. 이번 협약은 보험사-정비업체간 자율적으로 상생 협력한 우수사례를 발굴하고, 이를 확산 · 보급하기 위한 것으로, 이를 토대로 자동차보험정비시장을 선진화하겠다는 방침이다. 국토부 관계자는

"그동안 보험사와 정비업체간 정비요금을 둘러싸고 갈등과 분쟁이 끊이지 않아 이로 인한 소비자 민원과 불만이 발생하는 사례가 많았다"며, 선정된 우수기업에 정책적인 지원을 하는 등 갈등을 종식시켜 소비자들의 불편을 해소한다는 방침을 밝혔다.

국토부는 우수사례로 메리츠 화재와 경기도정비조합을 꼽았다. 양사는 협약을 통해 상생협력 프로그램을 다수 운영하며, 성과를 도출한 국내 첫 모범사례로 선정됐다. 양사의 협약은 △ 에코-리사이클(Eco-Recycle)부품 사용 활성화 △ OE(공조)부품 사용권장 △ 우수정비기술료 지급 △ 수리비 프로세스 개선 및 공동교육 시행 등을 골자로 한다. 협약을 통해 메리츠 화재는 경기정비조합에 중고재생부품 사용 등을 활성화하는 신녹색정비기술과 고객만족도 향상교육을 제공하고, 경기정비조합은 녹색정비기술을 도입해 수리비를 합리화하고 수이성 향상에도 기여했다는 평가를 받았다.

자동차 수리시 자동차기술연구소에서 인증한 16개 Eco부품을 사용하면 보험사는 부품인증업체와 고객, 정비조합에게 순정품 가격 대비 일정비율에 해당하는 비용을 지급하고, 고객과 정비조합은 직접적인 비용혜택을 받을 수 있다. 또 보험사도 순정품 대비 부품비용을 절감할 수 있다. 공조부품 5가지 역시 순정품 가격보다 저렴한 비용을 정비업체에 직접 지급함으로써 비용부담을 덜게 된다. 특히 과잉 수리의 대표적인 4개 부품(범퍼, 헤드램프, 테일램프, 휠)에 대해 교환이 아닌 복원을 할 경우 규정된 정비공임 외에 별도의 우수정비기술료를 지급해 작은 흠집에도 부품을 통째로 교환하는 등의 과잉 수리를 막았다.

또 양사는 공동 해외연수 프로그램을 실시해 영국, 일본, 미국 등 선진국의 보험수리 전문기관을 벤치마킹하고, 공동교육을 통한 상생협약 지급기준을 협의하는 등 지속적인 소통으로 신뢰관계를 구축한 것으로 알려졌다. 아울러 간접손해 과잉청구사례 등이 발생할 경우 분쟁위원회를 별도로 설치해 수리비 지급기준 등에 대한 갈등을 해소, 소비자 민원을 최소화한 것으로 알려졌다. 메리츠 화재 관계자는 "상생협약을 통해 정비공장에 신사업 아이템을 제공하는 동시에 새로운 수익창출 루트를 마련해 줌으로써 자연스럽게 과잉수리가 줄어들어 정비수가 분쟁을 둘러싼 해묵은 갈등의 고리를 해소할 수 있을 것으로 기대한다"며, "정부의 녹색성장정책에 부응하는 것은 물론 선진정비문화 정착을 위해 앞으로도 다양한 방안으로 상호 협력해 나갈 것"이라고 말했다(한국금융신문, 2013년 7월 18일).

4) 자동차정비발전연구회

자동차정비발전연구회는 2006년 한 포털사이트의 카페에서 주인장인 정수영 코리아자동차손해사정(주) 사장과 최동일 한일모터스 대표 등이 주축이 돼 시작되었다. 자동차정비발전연구회가 온라인을 기반으로 커뮤니티를 형성해 온지 7년이 지나 2013년 초대회장을 선출한 것은 자동차정비와 관련된 전문가집단으로 다시 한 번 도약해 보자는 구성원들의 의지가 담겨 있는 것이다. 2013년 현재 자동차정비발전연구회에 가입돼 있는 회원들은 약 900여명으로 종합 및 소형 자동차정비업체를 운영하는 사장들과 현직 종사원들이 주를 이루고 있다. 최근 자동차보험정비요금 문제 등으로 손해 보험사를 상대로 실력행사를 준비하는 과정에서, 자동차정비사업자들끼리 커뮤니티를 형성하는 시간이 쌓이면서 이 조직의 존재감이 드러나기 시작했다.

2012년 여름부터 시작된 자동차정비발전연구회 세미나를 4번 치르는 동안 많은 국민들이 '자동차정비업자들은 돈을 벌기 위해 과잉정비와 같은 사기를 치는 범죄 집단' 쯤으로 인식하고 있다는 현실을 파악하게 되었다. 하지만 "실제 보험료 인상은 정비업계에 지급하는 보험정비요금이 아닌, 보험사의 회계누락이나 보험 사기범 등과 같은 다른 요인에 있다"는 것이 자동차정비발전연구회 김회장의 주장이다. 김회장은 특히 현재 자동차정비요금이 터무니없는 가격에 형성돼 있는 것은 바로 보험개발원이 만들어 놓은 AOS(Areccom On-line System) 때문이라고 주장했다. 한 마디로 보험사의 입장에서 개발돼 공정성과 객관성이 떨어진다는 것이다. 자동차정비발전연구회는 표준작업시간을 산출하기 위한 준비 작업을 시작하고, 보험개발원 자동차기술연구소가 측정한 표준작업시간을 뒤집을 수 있는 근거 자료를 산출해 학계나 정부에 제출할 계획을 세우고 있다(이뉴스투데이, 2013년 7월 18일).

5) 온라인 자동차 부품시장의 도입

미국의 자동차 부품 온라인 유통업체인 C사의 구매 담당자는 최근 로스앤젤레스 무역관 관계자와 만난 자리에서 "온라인 자동차 부품 시장이 지속적인 성장세를 보이고 있는 만큼 한국 기업도 이를 공략해볼 만하다"고 추천했다. 미국 소비자들은 2009~2011년 중 신차를 구입하는 대신 기존 차량을 수리해 쓰면서 애프터마켓 자동차 부품 시장은 타 업종에 비해 큰 타격을 입지 않았으나 최근 완성차 시장이 회복세를 보이면서 다소 정체기를 보이고 있다. 그러나 미 자동차 부품 시장이 다른 시장에 비해 DIY(Do-It-Yourself)가 활성화돼 있고 소비자들 역시 온라인으로 필요한 부품을 구입해 직접 수리하거나 전문 정비소에 가져가 수리하는 경우가 늘고 있다.

실제 C사는 이런 흐름을 반영, 수년간 e베이 등 온라인 틈새시장을 공략해 부피가 작고 가격 경쟁력이 있는 엔진 · 트랜스미션 부품 등을 전문으로 판매해 지난해 40%의 매출 신장률을 기록했다. 로스앤젤레스 무역관은 "온라인 시장은 진입이 쉽고 소비자로부터 즉각적인 반응을 얻을 수 있어 처음 미국 진출을 시도하는 한국 기업이 초기 진출대안으로 활용해 볼 수 있다"면서 "다만 온라인 유통망은 종류와 형태에 따라 대금 납입, 물류 및 재고관리, 요구조건 등이 상이할 수 있는 만큼 사전 확인이 필요하다"고 조언했다(주간무역, 2013년 7월 12일).

6) 프리미엄 서비스센터의 확대

최근 현대자동차의 제네시스가 미국 평가기관 JD파워의 신차 품질지수에서 BMW 5, 아우디 A6 등 프리미엄 브랜드를 제치고 1위를 차지했다. 현대차 측은 "품질과 완성도는 이미 세계적인 수준에 올랐다"며 "이젠 고객에게 1등 서비스를 제공하는 데 초점을 맞추고 있다"고 밝혔다. 고객에게 최고급 호텔 수준의 응대 서비스를 제공하자는 차원이다. 365일 시승센터도 전국에 운영 중이다. 이 중 9개는 수입차와 직접 비교할 수 있는 '수입차 비교시승센터'다.

맡긴 자동차의 현재 수리 상태를 보여주는 전자 현황판과 헬스케어 · 스크린 골프 등 즐길 거리를 갖춘 프리미엄 서비스센터도 전국적으로 확대하고 있다. 차를 직접 가져간 뒤, 수리를 완료한 후엔 고객이 있는 곳으로 가져다주는 '홈투홈 서비스'도 운영하고 있다(중앙일보, 2013년 7월 9일).

2013년 7월 10일 서울 강서구 개화동 강서 공영버스 차고지에서는 유정복 안전행정부 장관과 녹색어머니중앙회 이유경 회장, 교통문화운동본부 박용훈 대표 등 안문협 교통 분과 위원을 비롯한 교통 안전 관계자들이 대거 참석한 가운데 '대중교통 안전문화 정착을 위한 간담회'가 열렸다. 이들은 특히 스쿨존에서의 안전의식 함양 방안 및 생활도로에서의 30㎞/h 이하 서행 운전하기 운동 등에 대해 다양한 의견을 내놓았다.

유 장관은 인사말을 통해 "박근혜정부의 국정기조는 안전에 우선을 두고 총체적으로 국민안전을 위해 대책을 마련해 나가고 있다."면서 "그러나 아무리 좋은 제도도 국민이 함께하지 않으면 실효성이 없다."고 말했다.

이유경 녹색어머니중앙회 회장은 "아이들의 안전을 위해 관계자들이 스쿨존 현장에 가서 실질적으로 뭐가 필요한지 살펴보는 게 먼저"라면서 "교통 분야 안전을 위해 녹색어머니회도 적극 노력할 것"이라고 다짐했다. 한만정 한국자전거협의회 상임대표는 "교통 약자인 자전거 이용자들을 위한 정책도 필요하지만, 유치원에서부터 대학까지 안전교육을 생활화하는 것이 중요하다."고 주장해 눈길을 끌었다.

박용훈 교통문화운동본부 대표는 '규제의 거품'을 지적했다. 운전자들은 규제가 심해질수록 꼭 안 지켜도 되는 것 아니냐는 심리를 갖게 된다는 것이다. 그는 "스쿨존에서의 30㎞ 서행은 밤에도 지켜야 하는 것인지 등에 대해 운전자들이 헷갈려 한다."면서 "스쿨존 운영시간 등에 대해 지역실정에 맞게 탄력적으로 운영하는 신호등 설치 등도 검토해야 한다."고 제안했다(문화일보, 2013년 7월 12일).

7 대중교통에 관한 만족도

경기 수원시가 기초 지자체 처음으로 운수종사자들의 전용공간인 (가칭)녹색교통 복지회관을 건립한다. 수원시에 따르면 사업비 49억500만원을 들여 팔달구 정자천로 14번길49 일원 부지(1196㎡)에 관내 운수종사자들을 위한 녹색교통 복지회관을 신축한다. 열악한 환경 속에서 근무 중인 운수종사자들에 대한 후생복지지원을 통해 대중교통서비스 질을 개선하겠다는 의도다.

복지회관은 지하1층, 지상4층, 연면적 2200㎡로 건립된다. 사무실, 회의실, 휴게실, 매점, 체력 단련실, 교육장, 주민편익시설을 갖출 예정이다. 30대 규모의 주차장도 마련한다. 시는 이 같은 내용의 공유재산 관리계획안이 10월 시의회 임시회에서 통과되면 도시경관 심의, 실시계획인가 및 건축심의를 거쳐 내년 3월 착공에 들어갈 계획이다. 회관은 2015년 2월 준공예정이다.

시는 시의원과 주민들이 복지회관내에 수영장을 설치해달라는 요구와 관련, 실시설계 발주시 가능하다고 판단되면 반영할 계획이다. 그러나 현 부지면적으론 수영장 설치가 어렵고, 예산도 50억 원이 더 소요돼 투융자심의(50억~100억원 이하 경기도 심의)에 어려움이 있을 것으로 예상하고 있다. 수영장 설치 불가시 주민편익시설을 배치하고, 시설물을 주민에게 개방하도록 유도해나갈 방침이다.

시는 회관이 건립되면 수원사랑장학재단과 연계해 근로자 장학금(운수종사자 자녀)을 지원하는 방안을 검토하고 있다. 복지기금 조성을 통해 운수종사자 가족을 위한 운수재단을 설립하는 방안도 추진할 예정이다(뉴스1 2013년 10월 3일).

1. 관련연구의 고찰

교통은 사회 · 경제적 활동을 하기 위해 다양한 시설로의 접근을 가능하게 하는 수단으로서 사람들의 생존을 위한 필수적인 권리이다. 그러나 접근능력은 각 개인의 사회경제적 특성에 따라 상당한 차이를 나타낼 수 있으며, 이러한 접근능력의 차이는 그들의 삶의 질에 상당한 영향을 줄 수 있다(노시학, 1996). 특히 대중교통은 남녀노소 누구나 할 것 없이 모든 사람들이 이용할 수 있는 교통수단으로서 시내버스 정류장이나 지하철역으로의 접근성은 도시민들의 생활에 많은 영향을 준다. 또한 대중교통서비스의 노선체계는 도시 내 접근성을 좌우하게 된다.

교통수단을 이용한 이동은 개인들의 일상적인 삶을 누리기 위한 최소한의 기본 조건이므로 개인의 사회 · 경제적 특성에 따라 교통수단에 대한 접근성에 불이익을 당할 수 있는 지역 주민의 통행권은 사회적 차원에서 적극적으로 보장할 필요가 있다. 따라서 자가용에 비해 상대적으로 개인의 사회 · 경제적 특성에 관계없이 모든 사람들이 이용할 수 있는 대중교통수단 관련 시설의 형평성 있는 공간적 분포가 자가용 이용에서 제외되는 지역 주민들의 접근성 제약을 완화시켜 줄 뿐만 아니라, 모든 도시민들의 접근성과 삶의 질에 많은 영향을 미친다고 할 수 있다(노시학, 1996). 즉, 교통과 관련한 환경적 형평성의 문제가 다루어져야 하는 이유는 개인의 사회 · 경제적 특성에 의하여 교통서비스에 대한 접근성에 제약이 발생하는 경우 일상생활을 위한 기본적인 권리를 침해당하는 것이며, 이것은 곧 삶의 질에 상당한 영향을 미칠 수 있기 때문이다. 특히 대중교통은 모든 도시민들이 접근하기 용이하고 이용하는데 불편함이 없어야하는 만큼 대중교통의 접근성이라는 편익에 대한 환경적 형평성 분석이 반드시 필요하다.

정부는 국민의 교통편의와 교통체계의 효율성을 증진하기 위해서 2005년 1월 대중교통의 육성 및 이용촉진에 관한 법률을 제정하였다. 이 법률 제4조에 따르면, 모든 국민들은 대중교통서비스를 이용함에 있어서 사회 · 경제적 특성과 관계없이 대중교통수단 및 시설로의 접근성에 대한 형평성을 가져야 한다고 명시하고 있다. 하지만 법률에 명시되어 있는 것처럼, 실제로 대중교통 서비스의 이용이 형평성 있게 이루어지고 있는지를 평가해 볼 필요성이 제기되고 있다.

대중교통서비스의 품질을 평가한 연구들을 살펴보면 다음과 같다. Ceder(2004)는 Smart Bus Service가 갖는 속성으로 유인성, 신뢰성, 신속성, 동시성, 편리성을 제시하였다. Hensher 외(2003)는 서비스품질에 대한 고객의 인식을 의미하는 SQI 개발하였다. 긍정적 변수로는 버스좌석, 버스 운행 횟수, 청결한 버스, 친절한 운전기사를 제시하였고, 부정적 변수로는 비 신뢰성, 버스정류장까지의 접근시간, 여행시간을 제시하였다.

Jen 외(2003)는 대중교통서비스 품질은 승객과의 상호작용, 서비스 장비의 현실성, 서비스의 편리성, 운영상의 지원 등과 같은 3차원으로 구성된다고 보았다. 버스서비스는 금전적인 이 가치보다는 비금전적인 가치, 즉 물리적, 시간적 비용, 기다림 등에 더욱 큰 영향을 받는다고 하였다.

황정훈 등(2006)은 대구시 대중교통 체계 개편 후 이용자 의식조사를 토대로 대중교통체계 개편 전후의 이용자 통행패턴의 변화, 환승통행, 서비스 만족도를 분석하였다. 운전기사의 태도, 안전운행, 교통법규 준수, 소요시간 단축, 요금부담 감소, 정시성 등이 대중교통서비스의 품질을 평가하는 중요한 요소가 되었다.

권대우(2004)는 이용자 관점의 버스서비스 평가 기법 및 모형을 제시하기 위하여 대구를 사례지역으로 선정하여 버스서비스에 대한 인지도와 선호의식 조사를 실시하고, 제시된 평가기법과 모형을 적용하여 버스서비스를 평가하였다. 접근시간, 대기시간, 통행시간, 요금수준, 친절성, 법규준수가 중요한 요인으로 나타났다.

김갑수 외(2002)는 대구시 외곽지역 대단위 아파트 주거단지를 조사 대상으로, 버스 서비스 평가를 위하여 조사대상자의 개인적인 특성 및 교통행동, 버스서비스에 대한 인지간의 인과계수 산출 및 버스서비스에 대한 구조모형을 도출하였다. 강인호 외(2001)는 경기도가 제공하고 있는 시내버스 서비스에 대한 주민만족도를 분석하였다.

2. 지하철 이용만족에 관한 선행연구

정준영(2000)은 부산광역시의 지하철역 이용자를 대상으로 이용객이 많고, 환승기능이 있는 지하철역을 선정하여 현장조사와 설문조사를 병행하였다. 현장조사에서는 조사대상지역의 접근로별 버스, 택시 승강장과 지하철 승강장 사이의 거리를 측정하였다. 그리고 설문조사를 통해 이용자들의 지하철 이용환경에 대한 의식을 파악하고, 이용자의 의식을 편리함, 쾌적함, 편안함 등의 측면에서 분석을 하여 지하철 이용에 영향을 미치는 요인들을 우선순위별로 파악하였다.

오규종(2002)은 지하철 이용승객의 만족도 향상을 위하여 수도권에서 운행되고 있는 지하철을 대상으로 노선별로 MOT(Moment of Truth)조사 방식을 채택하여 설문조사를 하였고, 이에 대한 분석결과로 지하철 이용만족도 결정요인에 대해 분야별로 개선방안을 제시하였다.

김연규(2003)는 철도산업 구조 개혁 후에 철도서비스를 지속적으로 향상시키고, 경쟁력을 강화하기 위하여 철도서비스를 평가하는데 필요한 평가체계를 구성하기 위하여 우리나라의 철도서비스 평가에 적합하다고 판단되는 평가항목과 지표를 제시하였다

3. 대중교통에 관한 만족도 조사[3)]

1) 조사개요

2011년 5월 23일~6월 1일까지 시내버스를 이용하는 서울지역주민 1,050명을 대상으로 설문조사를 진행하였다. 응답이 정확하지 않은 55부의 설문지를 제외하고, 총 995부를 가지고 분석하였다.

---

3) 2004년부터 동일한 설문지를 바탕으로 서울시민들의 버스만족도 및 대중교통 정책에 대한 조사를실시하였으며, 본 조사의 영역별 만족도 결과에서는 연도별로 수치 값을 제시하였다.

2) 조사도구

조사도구는 설문지를 사용하였고, 구체적인 조사영역 및 항목은 <표 7-1>에 제시되어 있다. 조사지는 총 10개 영역으로 분류하여, 영역 당 3~5개의 항목으로 대중교통에 대한 만족도를 측정하였다. 10개의 조사영역으로는 시내버스 운전기사, 시내버스 차량시설, 시내버스 정류소 시설, 시내버스 안내체계, 시내버스 운영실태, 버스의 안전운행, 시내버스 접근성, 시내버스 환승, 대중교통체계, 대중교통 관련 시의 정책 평가 등이 포함되었다. 그리고 대중교통 전반에 대한 주민들의 평가와 다른 도시와 비교한 평가문항으로 구성하였다. 각 항목은 매우 불만족 1점에서부터 매우 만족 5점으로 구성된 5점 리커트 척도를 사용하였고, 점수 값이 높을수록 각 항목에 대해 만족함을 의미한다.

〈표 7-1〉 조사영역 및 항목

영역	항목수	항목
시내버스 운전기사	4	승객문의에 대한 답변 태도 노약자 및 어린이 승·하차시 배려 운전태도(흡연, 핸드폰 사용 여부 등) 운전기사의 복장상태
시내버스 차량시설	6	불쾌한 냄새(기름 냄새, 타는 냄새 등)의 차단정도 계절별 버스내부 냉·온방 온도의 적절성 좌석, 손잡이 등 차량내부시설의 정비 상태 하차 벨의 작동상태 차량엔진의 소음 및 진동상태 교통카드 판독기나 요금함의 이용 편리성
시내버스 정류소 시설	3	비나 햇빛을 가릴 수 있는 시설 대기시설(의자 등) 야간 정류소의 조명상태
시내버스 안내체계	3	차내 노선안내표시의 이용편리성 정류소 안내방송 정류소 시내버스 안내체계의 이용편리성
시내버스 운행실태	4	버스 배차간격 버스 운행시간의 적절성 정류소에 무정차하지 않는 정도 정류소에 정확히 정차하는 정도

영역	항목수	항목
시내버스 안전운행	5	과속, 난폭 운행하지 않는 정도 급출발, 급정거하지 않는 정도 문을 열어 놓은 채 출발하지 않는 정도 교통신호 체계를 준수하는 정도 시내버스 차량의 안전에 대한 신뢰정도
시내버스 접근성 및 정류소 주변 환경	3	집에서 정류소까지의 도로와 보도 정비 상태 정류소 주변의 보행환경 정류소의 간격
시내버스 환승	3	다른 버스와의 환승거리 지하철과의 환승거리 환승 요금제도
대중교통체계	4	목적지까지의 연결 노선체계 버스전용차로제도 운영 버스전용차로 위반차량의 단속 버스카드 구입 및 충전의 용이성
대중교통 관련 시의 정책	5	대중교통 정책 지지 버스전용차로제의 확대 지지 승용차요일제의 확대 지지 혼잡이 극심한 도심 내 승용차진입 제한 지지 현재 대중교통 운영 상태에 대한 만족

3) 조사대상자의 일반적 특성

조사대상자의 일반적 특성은 <표 7-2>와 같다. 성별을 살펴보면 여성이 58.4%로 남성보다 많았다. 연령별로는 50대가 23.2%로 가장 많았으며, 다음으로 30대로 21.6%, 40대는 20.8%로 세 번째로 많았고, 20대는 18.2%로 네 번째로 많았고, 60대 이상은 8.5%, 10대는 7.6%로 조사되었다.

1주일 평균 버스 이용일수는 <표 7-3>과 같다. 주당 5일이 33.1%로 가장 많았고, 3일은 24.1%, 6일은 18.9%, 4일은 16.3%, 7일은 7.6%로 조사되었다. 국토교통부와 기획재정부 등에 따르면 2013년 현재 일반인 1인 현금 기준 전국 시내버스 기본요금은 평균 1152원이었다. 기본요금이 가장 비싼 곳은 인천시(1300원)였다. 부산과 대구, 광주, 대전 등도 1200원으로 평균보다 높았다. 반면 제주도 제주시와 서귀포시는 기본요금이 950원으로 가장 저렴했다. 교통카드나 승차권 기준으로는 세종 시와, 충남 지역의 기본요금이 1150원으로 가장 높았다.

〈표 7-2〉 조사대상자의 일반적 특성

(n=995)

구분		빈도	%
성별	남성	414	41.6
	여성	581	58.4
연령	10대	76	7.6
	20대	181	18.2
	30대	215	21.6
	40대	207	20.8
	50대	231	23.2
	60대 이상	85	8.5

〈표 7-3〉 1주 평균 버스 이용일수

(n=995)

구분		빈도	%
주당 버스이용 일수	3일	240	24.1
	4일	162	16.3
	5일	329	33.1
	6일	188	18.9
	7일	76	7.6

시내버스 기본요금은 지방자치단체가 자체적으로 결정하고 있다. 그러나 지자체별로 서로 다른 원가 산정 방식을 적용하다 보니 요금이 과다 책정되기도 하고 지역마다 요금 차이가 발생하고 있다. 정부는 전국 시내버스 요금을 동일한 기준으로 산정할 수 있도록 '시내버스요금 산정 기준'을 마련해 이달 안에 각 지자체에 전달하기로 했다(경향신문, 2013년 7월 16일).

4) 영역별 조사결과

(1) 시내버스 운전기사에 대한 만족도

시내버스 운전기사에 대한 항목별 만족도는 <표 7-4>에 제시되어있다. 우선 시내버스 운전기사 영역별 4개 항목에 대해 살펴보면, 승객문의에 대한 운전기사의 답변 태도는 보통이 40.4%로 가장 많았고, 만족이 27.0%, 매우 만족은 9.1%에 불과하였다, 불만족과 매우 불만족이 23.4%이었다. 노약자 및 어린이 승·하차시의 배려에 대해서는 보통이 42.6%로 가장 많았고, 만족과 매우 만족이 36.5%, 불만족과 매우 불만족이 20.8%이었다. 운전기사의 운전태도에서도 보통이 36.7%로 가장 많았고, 만족과 매우 만족이 49.7%, 불만족과 매우 불만족이 13.7%로 나타났다. 운전기사의 복장상태에 대해서도 보통이 34.0%로 가장 많았고, 만족과 매우 만족이 53.7%, 불만족과 매우 불만족이 12.4%였다. 4개의 항목 중 운전기사의 운전태도와 복장상태는 응답자의 1/2이 만족한다는 편이었고, 승객문의에 대한 답변태도와 노약자 및 어린이의 승·하차시 배려는 보통 수준으로 인지하고 있음을 알 수 있다.

시내버스 운전기사에 대한 만족도는 <표 7-5>와 같다. 운전기사에 대한 만족도에서는 보통이라고 응답한 사람이 41.8%로 나타났고, 만족과 매우 만족이 48.4%, 불만족과 매우 불만족이 9.7%로 나타나, 운전기사에 대한 만족하는 사람들이 불만족하는 사람들에 비하여 많았다.

연도별 시내버스 운전기사에 대한 만족도를 살펴본 결과는 <표 7-6>에 나타나 있다. 2004년부터 2011년까지 총 6회에 걸쳐 조사한 결과, 2004년 평균 3.20이었던 시내버스 운전기사에 대한 만족도가 2005년 평균 3.07로 떨어졌다가 2009년까지 소폭으로 증가하였다. 2011년에는 다시 떨어져 평균 3.45점임을 알 수 있다.

서울 시내를 누비는 시내버스 운전기사들이 친환경안전운전 문화 확산에 앞장선다. 서울시는 천만 시민의 안전을 위해 차량 경제속도(60~80km/h) 준수, 급출발·급가속·급제동하지 않고, 불필요한 공회전하지 않는 등 친환경안전운전 교육을 이수한 시내버스 운전기사가 2011년 말에 3,000명을 넘어섰다.

〈표 7-4〉 시내버스 운전기사에 대한 항목별 만족도

(n=995)

구분		빈도	%
승객문의에 대한 답변 태도	매우 불만족	38	3.8
	불만족	195	19.6
	보통	402	40.4
	만족	269	27.0
	매우 만족	91	9.1
노약자 및 어린이 승·하차시 배려	매우 불만족	36	3.6
	불만족	171	17.2
	보통	424	42.6
	만족	265	26.6
	매우 만족	99	9.9
운전태도 (흡연, 핸드폰 사용여부 등)	매우 불만족	15	1.5
	불만족	121	12.2
	보통	365	36.7
	만족	344	34.6
	매우 만족	150	15.1
운전기사의 복장상태	매우 불만족	20	2.0
	불만족	103	10.4
	보통	338	34.0
	만족	325	32.7
	매우 만족	209	21.0

〈표 7-5〉 시내버스 운전기사에 대한 만족도

(n=995)

구분		빈도	%
시내버스 운전기사	매우 불만족	6	0.6
	불만족	91	9.1
	보통	416	41.8
	만족	415	41.7
	매우 만족	67	6.7

〈표 7-6〉 연도별 시내버스 운전기사에 대한 만족도

(단위: 평균)

항목	전체	서울					
		2004년	2005년	2007년	2008년	2009년	2011년
승객문의에 대한 답변 태도	3.19	3.03	3.11	3.10	3.30	3.39	3.18
노약자 및 어린이 승·하차시 배려	3.12	3.10	2.91	3.00	3.20	3.31	3.22
운전태도(흡연, 핸드폰 사용여부 등)	3.30	3.21	3.02	3.25	3.33	3.46	3.50
운전기사의 복장상태	3.61	-	-	3.52	3.63	3.71	3.60
종합 만족도	3.30	3.20	3.07	3.23	3.37	3.49	3.45

서울시는 온실가스 발생량을 감축하고, 연비 개선으로 고유가 시대에 비용을 절감할 수 있는 친환경운전 교육 프로그램을 지방자치단체로는 처음으로 개발하여 2010년부터 운수업계 종사자들을 대상으로 교육을 실시하고 있다. 서울시는 친환경운전 교육 이수자를 대상으로 12개월 이후의 교육효과를 분석한 결과 교통사고 건수는 53.7%가 감소했고, 이로 인한 사회적 비용은 55.2%가 감소되어 약 82억 원이 절감된 것으로 나타났다. 서울시에서 추진하고 있는 친환경운전교육은 시민의 안전을 책임지는 막중한 역할을 담당하고 있는 시내버스 운전기사들을 대상으로 실시하고 있으며, 1기 진행시 평균 43여 명이 참석하여 진행하고 있다. 2011년 12월 8일 기준으로 71회 교육, 총 3013명의 교육수료생을 배출하였다. 서울시 친환경운전교육은 2010년 7월부터 시작했으며 시범사업기간인 6개월 동안 1,534명의 교육수료생을 배출했다.

평생 운전을 업으로 삼아온 베테랑들도 긴장시키는 친환경운전교육은 상주에 위치한 녹색안전체험센터에서 매주 진행되고 있으며, 다양한 변수가 설계된 센터에서 버스를 통해 교육을 받을 수 있다는 점에서 참석자들이 많은 호응하고 있다. 특히 교통사고 예방 및 감소를 위해서 기존의 이론 및 사후교육 중심에서 탈피하여 모의 교통상황의 현장 체험을 통해 실질적인 효과를 거둘 수 있도록 버스를 활용해서 교육을 진행했다. 친환경속도와 친환경습관을 가지고 운전하는 친환경운전교육 프로그램은 오전에는 이론 수업과 평소의 주행습관으로 1차 운전을, 오후에는 친환경운전에 대한 교육을 받은 후 친환경 운전방식으로 2차 운전을 한다. 2차 주행이 끝난 후 불과 몇 분 후, 내 주행 습관과 연비에 대한 효율까지 정리·분석된 결과를 통해 자신의 주행습관을 객관적으로 확인할 수 있다. 친환경운전 교육 이수자를 대상으로 12개월 전후의 체험교육 효과를 분석한 결과 교통사고 발생건수가 53.7% 감소한 것으로 집계됐다. 또한 교통사고 발생을 통해 야기되는 사회적 비용은 55.2%인 82억 원이 절감됐다.

체험교육 전후 12개월 교통사고 발생에 따른 사회적 비용을 분석한 결과 148.8억 원에서 66.7억 원으로 약 82억 원, 55.2%가 감소한 것으로 나타났다. 친환경운전 교육생 2600여 명의 결과를 분석한 결과 교육 전보다 평균 연비는 24.27% 개선됐으며, CO2 배출량은 24.06% 감소한 것으로 확인됐다.

특히 2011년 6월 28일에 진행된 서울시 주최의 제1회 시내버스 친환경운전 우수자 시상 대상자 102명 중 30%에 가까운 인원이 서울시 친환경운전 프로그램 교육생 출신인 것으로 집계됐다. 교육이 현장에서의 활용으로 잘 이어진 사례로 손꼽히는 이 프로그램의 목적은 단순한 '친환경운전' 방법만을 전달하는 것이 아니라 버스운전기사들에게 '온실가스감축'의 중요성과 '친환경운전'의 동기부여를 통한 자부심을 전달하기 위함이다.

친환경운전의 목적은 온실가스를 줄이고, 시민의 안전을 지키며, 경제성도 높일 수 있는 1석3조의 효자습관이라는 것을 되새겨보는 것은 물론 빗길 운전을 경험할 수 있는 시범도로에서는 강사들의 운전으로 급정거, 급제동을 직접 체험하는 등 승객의 입장이 되어보는 교육도 포함되어 진행된다. 경제운전과 안전운전이 경쟁력이 되는 시대에 서울시내버스 운전기사들은 친환경운전 문화를 가장 먼저, 정확하게, 적극적으로 정착하고 확산하는 주체가 되고 있다. 서울시 맑은 환경본부 친환경교통과장은 "시민의 안전과 발이 되어주는 서울시내버스 기사 분들이 먼저 실천하고 있는 친환경운전이 일반시민들에게도 확산될 수 있도록 더욱 노력하겠다."고 밝혔다(서울타임스, 2011년 12월 12일).

(2) 시내버스 차량시설에 대한 만족도

시내버스 차량시설에 대한 항목별 만족도는 <표 7-7>에 제시되어있다. 우선 시내버스 차량시설 영역별 6개 항목에 대해 살펴보면, 불쾌한 냄새(기름 냄새, 타는 냄새 등)의 차단정도는 보통이 42.2%로 가장 많았고, 만족과 매우 만족이 29.8%, 불만족과 매우 불만족이 27.9%로 나타났다. 계절별 버스 내부 냉·온방 온도의 적절성 항목에서도 보통이 39.0%로 가장 많았고, 만족과 매우 만족이 40.2%, 불만족과 매우 불만족이 20.8%로 나타났다. 좌석, 손잡이 등 차량내부시설의 정비 상태 항목에서도 보통이 42.7%로 가장 많았고, 만족과 매우 만족이 44.3%, 불만족과 매우 불만족이 13.1%로 나타나, 만족하는 사람이 불만족한 사람보다 많았다.

하차 벨의 작동상태 항목에서는 만족이 38.6%로 가장 많았고, 매우 만족은 24.7%로 3/5의 응답자가 하차 벨에 대해 만족하고 있음을 알 수 있다. 보통은 27.9%, 불만족과 매우 불만족이 8.7%에 불과하였다. 차량엔진의 소음 및 진동상태는 보통이 45.7%로 가장 많았고, 만족과 매우 만족이 34.5%, 불만족과 매우 불만족이 19.7% 이었다. 교통카드 판독기나 요금함의 이용 편리성에서는 만족이 35.5%, 매우 만족이 21.9%로 약 1/2 정도의 이용자들이 만족하고 있었다. 보통은 31.3%, 불만족과 매우 불만족이 11.5%로 나타났다.

6개의 항목 중 하차 벨의 작동상태와 교통카드 판독기나 요금함의 이용편리성의 만족도가 높은 편이었고, 불쾌한 냄새의 차단정도, 계절별 버스 내부 냉 · 온방 온도의 적절성, 차량엔진의 소음 및 진동상태에서는 상대적으로 만족도가 낮음을 알 수 있다.

시내버스 차량시설에 대한 만족도는 <표 7-8>과 같다. 시내버스 차량시설에 대해 만족하는 사람이 45.6%, 매우 만족이 4.6%로 높게 나타났고, 보통이라고 응답한 사람은 42.2%, 불만족과 매우 불만족이 7.5%로 매우 적었다.

〈표 7-7〉 시내버스 차량시설에 대한 항목별 만족도

(n=995)

구분		빈도	%
불쾌한 냄새 (기름 냄새, 타는 냄새 등)의 차단정도	매우 불만족	52	5.2
	불만족	226	22.7
	보통	420	42.2
	만족	252	25.3
	매우 만족	45	4.5
계절별 버스 내부 냉·온방 온도의 적절성	매우 불만족	20	2.0
	불만족	187	18.8
	보통	388	39.0
	만족	312	31.4
	매우 만족	88	8.8
좌석, 손잡이 등 차량내부시설의 정비 상태	매우 불만족	12	1.2
	불만족	118	11.9
	보통	425	42.7
	만족	331	33.3
	매우 만족	109	11.0
하차 벨의 작동상태	매우 불만족	13	1.3
	불만족	74	7.4
	보통	278	27.9
	만족	384	38.6
	매우 만족	246	24.7
차량엔진의 소음 및 진동상태	매우 불만족	26	2.6
	불만족	170	17.1
	보통	455	45.7
	만족	257	25.8
	매우 만족	87	8.7
교통카드 판독기나 요금함의 이용 편리성	매우 불만족	17	1.7
	불만족	98	9.8
	보통	309	31.1
	만족	353	35.5
	매우 만족	218	21.9

〈표 7-8〉 시내버스 차량시설에 대한 만족도

(n=995)

구분		빈도	%
시내버스 차량시설	매우 불만족	4	0.4
	불만족	71	7.1
	보통	420	42.2
	만족	454	45.6
	매우 만족	46	4.6

〈표 7-9〉 연도별 시내버스 차량시설에 대한 만족도

(단위: 평균)

항목	전체	서울					
		2004년	2005년	2007년	2008년	2009년	2011년
불쾌한 냄새의 차단정도	3.10	-	-	3.11	3.17	3.14	3.01
버스 내부 냉·온방 온도의 적절성	3.30	3.24	3.48	3.24	3.24	3.34	3.26
좌석, 손잡이 등 차량내부시설의 정비 상태	3.37	3.30	3.32	3.34	3.40	3.42	3.41
하차 벨의 작동상태	3.60	3.29	3.29	3.69	3.79	3.77	3.78
차량엔진의 소음 및 진동상태	3.07	2.97	2.94	3.04	3.10	3.14	3.21
교통카드 판독기나 요금함의 이용 편리성	3.51	-	-	3.38	3.49	3.51	3.66
종합 만족도	3.35	3.21	3.24	3.36	3.40	3.42	3.47

연도별 시내버스 차량시설에 대한 만족도를 살펴본 결과는 <표 7-9>에 나타나 있다. 2004년부터 2011년까지 총 6회에 걸쳐 조사한 결과, 2004년 평균 3.21이었던 시내버스 차량시설에 대한 만족도는 매년 꾸준히 증가하여 2011년에는 3.47로 나타났다. 시내버스 시설에 대해 개선하려는 노력이 반영된 결과라고 볼 수 있다. 특히 하차 벨의 작동상태와 교통카드 판독기나 요금함의 이용 편리성은 2011년 기준으로 각각 평균 3.78, 3.66으로 다른 항목에 비해 높게 나타났다. 이에 반해 가장 낮은 항목은 평균 3.01로 불쾌한 냄새의 차단 정도이다.

(3) 시내버스 정류소 시설에 대한 만족도

시내버스 정류소 시설에 대한 항목별 만족도는 <표 7-10>에 제시되어있다. 우선 시내버스 정류소 시설 영역별 3개 항목에 대해 살펴보면, 비나 햇빛을 가릴 수 있는 시설에서는 보통이 40.0%로 가장 많았고, 만족과 매우 만족이 23.7%, 불만족과 매우 불만족이 36.2%로 나타났다. 대기시설 항목에서도 보통이 38.5%로 가장 많았고, 만족과 매우 만족이 30.3%, 불만족과 매우 불만족이 31.1%로 나타났다. 야간 정류소의 조명상태에서도 보통이 41.9%로 가장 많았고, 만족과 매우 만족이 31.7%, 불만족과 매우 불만족이 26.3%로 나타났다.

〈표 7-10〉 시내버스 정류소 시설에 대한 항목별 만족도

(n=995)

구 분		빈도	%
비나 햇빛을 가릴 수 있는 시설	매우 불만족	84	8.4
	불만족	277	27.8
	보통	398	40.0
	만족	181	18.2
	매우 만족	55	5.5
대기시설 (의자 등)	매우 불만족	61	6.1
	불만족	249	25.0
	보통	383	38.5
	만족	252	25.3
	매우 만족	50	5.0
야간 정류소의 조명상태	매우 불만족	60	6.0
	불만족	202	20.3
	보통	417	41.9
	만족	261	26.2
	매우 만족	55	5.5

시내버스 정류소 시설에 대한 만족도는 <표 7-11>과 같다. 시내버스 정류소 시설에 대해 보통이라고 응답한 사람이 41.0%로 나타났고, 만족과 매우 만족이 35.3%, 불만족과 매우 불만족이 23.7%로 나타났다.

〈표 7-11〉 시내버스 정류소 시설에 대한 만족도

(n=995)

구분		빈도	%
시내버스 정류소 시설	매우 불만족	26	2.6
	불만족	210	21.1
	보통	408	41.0
	만족	309	31.1
	매우 만족	42	4.2

연도별 시내버스 정류소 시설에 대한 만족도를 살펴본 결과는 <표 7-12>에 나타나 있다. 2004년부터 2011년까지 총 6회에 걸쳐 조사한 결과, 2004년부터 2009년까지는 평균 2점대로 보통 이하의 수준이었다가 2011년에 평균 3.13으로 상승하였다. 항목별로 보면 야간 정류소의 조명상태만이 평균 3.05로 3점 이상이었다.

〈표 7-12〉 연도별 시내버스 정류소 시설에 대한 만족도

(단위: 평균)

항목	전체	서울					
		2004년	2005년	2007년	2008년	2009년	2011년
비나 햇빛을 가릴 수 있는 시설	2.72	2.64	2.72	2.56	2.68	2.89	2.85
대기시설(의자 등)	2.76	2.76	2.70	2.59	2.67	2.84	2.98
야간 정류소의 조명상태	2.77	2.77	2.84	2.57	2.62	2.77	3.05
종합 만족도	2.84	2.71	2.85	2.66	2.77	2.93	3.13

(4) 시내버스 안내체계에 대한 만족도

시내버스 안내체계에 대한 항목별 만족도는 <표 7-13>에 제시되어있다. 우선 시내버스 안내체계 영역별 3개 항목에 대해 살펴보면, 차내 노선안내표시의 이용편리성에서는 보통이 36.9%로 가장 많았고, 만족과 매우 만족이 37.4%, 불만족과 매우 불만족이 25.7%로 나타났다. 정류소 안내방송은 만족이 36.8%, 매우 만족은 18%로 응답자의 1/2이 만족을 표시하였다. 다음으로

보통이 31.9%, 불만족과 매우 불만족이 13.4%로 나타났다. 정류소 시내버스 안내체계의 이용편리성에서는 보통이 37.4%로 가장 많았고, 만족과 매우 만족이 47.5%, 불만족과 매우 불만족은 15.2%로 나타났다.

〈표 7-13〉 시내버스 안내체계에 대한 항목별 만족도

(n=995)

구분		빈도	%
차내 노선안내표시의 이용편리성	매우 불만족	51	5.1
	불만족	205	20.6
	보통	367	36.9
	만족	269	27.0
	매우 만족	103	10.4
정류소 안내방송	매우 불만족	14	1.4
	불만족	119	12.0
	보통	317	31.9
	만족	366	36.8
	매우 만족	179	18.0
정류소 시내버스 안내체계의 이용편리성	매우 불만족	17	1.7
	불만족	134	13.5
	보통	372	37.4
	만족	318	32.0
	매우 만족	154	15.5

〈표 7-14〉 시내버스 안내체계에 대한 만족도

(n=995)

구분		빈도	%
시내버스 안내체계	매우 불만족	6	0.6
	불만족	89	8.9
	보통	392	39.4
	만족	419	42.1
	매우 만족	89	8.9

시내버스 안내체계에 대한 만족도는 <표 7-14>와 같다. 시내버스 안내체계에 대해 만족이라고 응답한 사람은 42.1%, 매우 만족은 8.9%로 응답자의 1/2이 만족하고 있음을 알 수 있다. 보통이라고 응답한 경우는 39.4%, 불만족과 매우 불만족은 9.5%로 낮았다.

연도별 시내버스 안내체계에 대한 만족도를 살펴본 결과는 <표 7-15>에 나타나 있다. 2004년부터 2011년까지 총 6회에 걸쳐 조사한 결과, 2004년 평균 3.04였던 시내버스 안내체계에 대한 만족도는 매년 꾸준히 증가하여 2011년에는 3.50으로 나타났다. 시내버스 안내체계에 대한 개선의 의지가 반영된 결과라고 볼 수 있다. 특히 정류소 안내방송은 2011년 기준 평균 3.58로 가장 높은 평균을 보인다.

〈표 7-15〉 연도별 시내버스 안내체계에 대한 만족도

항목	전체	서울					
		2004년	2005년	2007년	2008년	2009년	2011년
차내 노선안내표시의 이용편리성	3.15	3.01	3.12	2.99	3.20	3.38	3.17
정류소 안내방송	3.40	3.21	3.17	3.42	3.47	3.56	3.58
정류소 시내버스 안내체계의 이용편리성	3.22	2.86	3.11	3.21	3.23	3.46	3.46
종합 만족도	3.29	3.04	3.19	3.23	3.31	3.44	3.50

SK플래닛은 경기도 버스정보센터가 제공하는 버스노선, 실시간 버스위치, 버스도착시간 등 실시간 버스정보를 'T맵 대중교통' 서비스로 제공하고 있다. 'T맵 대중교통'은 전국 지하철, 버스 노선 및 도시 간 시외버스, 기차, 비행기 등을 이용한 전국 대중교통 길안내를 제공하는 'T맵'의 보행자용 패밀리 앱 서비스다. SK플래닛은 2013년 3월 경기도와 업무협약을 맺고 경기도 지역 2022개 노선, 2만5897개 버스정류장의 실시간 버스운행정보를 제공받기로 합의했다.

'T맵 대중교통'은 지난해 4월부터 서울지역 광역, 간선, 지선, 순환버스 및 마을버스까지 서울 시내를 운행하는 모든 버스의 실시간 도착정보를 제공하고 있다. 김후종 SK플래닛 LBS사업부장은 "1700만 고객이 사용하는 'T맵'은

운전자용 내비게이션 서비스뿐만 아니라 보행자용 LBS 기능도 지속적으로 강화하고 있다"며 "고객이 다양한 위치기반 정보서비스를 편리하게 이용할 수 있는 원스톱(One-Stop) 서비스를 선보일 것"이라고 밝혔다. 'T맵 대중교통'은 T맵 이용 고객에게 무료로 제공되며 안드로이드 버전은 T스토어를 통해, iOS 버전은 애플 앱스토어에서 다운받을 수 있다(전자신문, 2013년 7월 22일).

(5) 시내버스 운행실태에 대한 만족도

시내버스 운행실태에 대한 항목별 만족도는 <표 7-16>에 제시되어있다. 우선 시내버스 운행실태 영역별 4개 항목에 대해 살펴보면, 버스의 배차간격은 보통이 43.5%로 가장 많았고, 만족과 매우 만족이 24.4%, 불만족과 매우 불만족이 32.0%로 만족하는 경우보다 많았다. 버스 운행시간의 적절성 항목에서도 보통이 43.5%로 가장 많았고, 만족과 매우 만족이 33.6%, 불만족과 매우 불만족이 22.8%로 나타났다. 정류소에 무정차하지 않는 정도에서도 보통이 39.5%로 가장 많았고, 만족과 매우 만족이 48.2%, 불만족과 매우 불만족이 12.4%로 나타났다. 정류소에 정확히 정차하는 정도에서도 보통이 38.3%로 가장 많았고, 만족과 매우 만족이 44.0%, 불만족과 매우 불만족이 17.7%로 나타났다.

〈표 7-16〉 시내버스 운행실태에 대한 항목별 만족도

(n=995)

구분		빈도	%
버스 배차간격	매우 불만족	69	6.9
	불만족	250	25.1
	보통	433	43.5
	만족	206	20.7
	매우 만족	37	3.7
버스 운행시간의 적절성	매우 불만족	38	3.8
	불만족	189	19.0
	보통	433	43.5
	만족	265	26.6
	매우 만족	70	7.0

구분		빈도	%
정류소에 무정차하지 않는 정도	매우 불만족	18	1.8
	불만족	105	10.6
	보통	393	39.5
	만족	342	34.4
	매우 만족	137	13.8
정류소에 정확히 정차하는 정도	매우 불만족	31	3.1
	불만족	145	14.6
	보통	381	38.3
	만족	291	29.2
	매우 만족	147	14.8

시내버스 운행실태에 대한 만족도는 <표 7-17>과 같다. 시내버스 운행실태에 대해 보통이라고 응답한 사람은 43.7%로 나타났고, 만족과 매우 만족은 43.2%, 불만족과 매우 불만족은 13.1%로 만족하는 사람들에 비하여 적었다.

〈표 7-17〉 시내버스 운행실태에 대한 만족도

(n=995)

구분		빈도	%
시내버스 운행실태	매우 불만족	8	0.8
	불만족	122	12.3
	보통	435	43.7
	만족	385	38.7
	매우 만족	45	4.5

연도별 시내버스 운행실태에 대한 만족도를 살펴본 결과는 <표 7-18>에 나타나 있다. 2004년부터 2011년까지 총 6회에 걸쳐 조사한 결과, 2004년 평균 3.04였던 시내버스 운행실태에 대한 만족도는 2007년 평균 3.13으로까지 증가하다가 2008년 평균 3.09로 떨어졌다. 이후 다시 상승하여 2011년에는 평균 3.34로 나타났다. 항목 중 정류소에 무정차하지 않는 정도가 2011년 기준 평균 3.48로 가장 높은 반면, 버스의 배차간격은 평균 2.89로 가장 낮았다.

<표 7-18> 연도별 시내버스 운행실태에 대한 만족도

(단위: 평균)

항목	전체	서울					
		2004년	2005년	2007년	2008년	2009년	2011년
버스 배차간격	2.76	2.63	2.76	2.71	2.66	2.91	2.89
버스 운행시간의 적절성	2.98	2.92	2.98	2.92	2.91	3.01	3.14
정류소에 무정차하지 않는 정도	3.23	3.16	2.96	3.19	3.28	3.31	3.48
정류장에 정확히 정차하는 정도	3.19	3.15	3.08	3.10	3.18	3.27	3.38
종합 만족도	3.14	3.04	3.06	3.13	3.09	3.18	3.34

(6) 시내버스 안전운행에 대한 만족도

시내버스 안전운행에 대한 항목별 만족도는 <표 7-19>에 제시되어있다. 우선 시내버스 안전운행 영역별 5개 항목에 대해 살펴보면, 과속, 난폭 운행하지 않는 정도에서는 보통이 39.2%로 가장 많았고, 만족과 매우 만족이 28.2%, 불만족과 매우 불만족이 32.5%로 만족하는 사람들보다 많았다. 급출발, 급정거하지 않는 정도에서도 보통이 39.9%로 가장 많았고, 만족과 매우 만족이 31.7%, 불만족과 매우 불만족이 28.3%로 나타났다.

문을 열어 놓은 채 출발하지 않는 정도에서도 보통이 34.7%로 가장 많았고, 만족과 매우 만족이 39.9%, 불만족과 매우 불만족이 25.4%로 나타났다. 교통신호 체계를 준수하는 정도에서도 보통이 42.4%로 가장 많았고, 만족과 매우 만족이 36.7%, 불만족과 매우 불만족이 20.9%로 나타났다. 시내버스 차량의 안전에 대한 신뢰정도에서도 보통이 44.2%로 가장 많았고, 만족과 매우 만족이 34.8%, 불만족과 매우 불만족이 20.9%로 나타났다.

시내버스 안전운행에 대한 만족도는 <표 7-20>과 같다. 시내버스 안전운행에 대해 보통이라고 응답한 사람은 44.1%, 만족과 매우 만족은 44.5%, 불만족과 매우 불만족은 11.4%로 나타났다.

〈표 7-19〉 시내버스 안전운행에 대한 항목별 만족도

(n=995)

구분		빈도	%
과속, 난폭 운행하지 않는 정도	매우 불만족	62	6.2
	불만족	262	26.3
	보통	390	39.2
	만족	238	23.9
	매우 만족	43	4.3
급출발, 급정거하지 않는 정도	매우 불만족	38	3.8
	불만족	244	24.5
	보통	397	39.9
	만족	261	26.2
	매우 만족	55	5.5
문을 열어 놓은 채 출발하지 않는 정도	매우 불만족	99	9.9
	불만족	154	15.5
	보통	345	34.7
	만족	273	27.4
	매우 만족	124	12.5
교통신호 체계를 준수하는 정도	매우 불만족	36	3.6
	불만족	172	17.3
	보통	422	42.4
	만족	254	25.5
	매우 만족	111	11.2
시내버스 차량의 안전에 대한 신뢰정도	매우 불만족	39	3.9
	불만족	169	17.0
	보통	440	44.2
	만족	248	24.9
	매우 만족	99	9.9

〈표 7-20〉 시내버스 안전운행에 대한 만족도

(n=995)

구분		빈도	%
시내버스 안전운행	매우 불만족	9	0.9
	불만족	104	10.5
	보통	439	44.1
	만족	395	39.7
	매우 만족	48	4.8

〈표 7-21〉 연도별 시내버스 안전운행에 대한 만족도

(단위: 평균)

항목	전체	서울					
		2004년	2005년	2007년	2008년	2009년	2011년
과속, 난폭운행하지 않는 정도	2.92	2.92	2.65	3.06	2.94	3.03	2.94
급출발, 급정거하지 않는 정도	2.92	2.90	2.60	3.05	2.89	3.05	3.05
문을 열어놓은 채 출발하지 않는 정도	2.99	3.33	2.04	3.12	3.06	3.21	3.17
교통신호 체계를 준수하는 정도	3.00	3.06	2.38	3.14	3.02	3.14	3.23
시내버스 차량의 안전에 대한 신뢰정도	3.20	-	-	-	-	-	3.20
종합 만족도	3.22	3.03	3.25	3.25	3.18	3.26	3.37

연도별 시내버스 안전운행에 대한 만족도를 살펴본 결과는 <표 7-21>에 나타나 있다. 2004년부터 2011년까지 총 6회에 걸쳐 조사한 결과, 2004년 평균 3.03이었던 시내버스 안전운행에 대한 만족도는 2005년과 2007년에는 평균 3.25로 증가하다가 2008년 평균 3.18로 떨어졌다. 이후 다시 상승하여 2011년에는 평균 3.37로 나타났다. 항목 중 교통신호 체계를 준수하는 정도가 2011년 기준 평균 3.23으로 가장 높은 반면, 과속, 난폭운행 하지 않는 정도는 평균 2.94로 가장 낮았다.

(7) 시내버스 접근성 및 정류소 주변 환경에 대한 만족도

서울 시민 995명에게 시내버스 정류소와 집과의 거리에 대해 질문한 결과는 <표 7-22>와 같다. 시내버스 정류소와 집과의 거리는 도보로 평균 9.7분이 소요되는 것으로 밝혀졌는데, 구체적으로 살펴보면 5분미만이 41.6%로 가장 많았고, 그 다음으로 5분 이상에서 10분미만이 33.3%로 나타났다. 응답자의 약 2/3 가량이 집에서 정류소까지 10분미만이 소요되는 것을 알 수 있다. 10분 이상에서 15분미만은 13.2%, 15분 이상에서 20분미만은 6%, 20분 이상은 5.8%로 나타났다.

〈표 7-22〉 시내버스 정류소와 집과의 거리

구분	빈도	%
5분미만	415	41.6
5~10분	332	33.3
10~15분	131	13.2
15~20분	60	6.0
20분 이상	57	5.8
계	995	100.0

시내버스 접근성 및 정류소 주변 환경에 대한 항목별 만족도는 <표 7-23>에 제시되어있다. 우선 시내버스 접근성 및 정류소 주변 환경 영역별 3개 항목에 대해 살펴보면, 집에서 정류소까지의 도로와 보도 정비 상태에서는 보통이 42.7%로 가장 많았고, 만족과 매우 만족이 33.3%, 불만족과 매우 불만족이 23.9%로 나타났다. 정류소 주변의 보행환경에서도 보통이 42.1%로 가장 많았고, 만족과 매우 만족이 37.2%, 불만족과 매우 불만족이 20.6%로 나타났다. 정류소의 간격에서도 보통이 44.8%로 가장 많았고, 만족과 매우 만족이 40.9%, 불만족과 매우 불만족이 14.3%로 나타났다.

〈표 7-23〉 시내버스 접근성 및 정류소 주변 환경에 대한 항목별 만족도

(n=995)

구분		빈도	%
집에서 정류소까지의 도로와 보도 정비 상태	매우 불만족	60	6.0
	불만족	178	17.9
	보통	425	42.7
	만족	266	26.7
	매우 만족	66	6.6
정류소 주변의 보행환경	매우 불만족	25	2.5
	불만족	180	18.1
	보통	419	42.1
	만족	289	29.0
	매우 만족	82	8.2
정류소의 간격	매우 불만족	26	2.6
	불만족	116	11.7
	보통	446	44.8
	만족	328	33.0
	매우 만족	79	7.9

시내버스 접근성 및 정류소 주변 환경에 대한 만족도는 <표 7-24>와 같다. 시내버스 접근성 및 정류소 주변 환경에 대해 보통이라고 응답한 사람은 42.4%, 만족과 매우 만족은 45.1%, 불만족과 매우 불만족은 12.5%로 나타났다.

〈표 7-24〉 시내버스 접근성 및 정류소 주변 환경에 대한 만족도

(n=995)

구분		빈도	%
시내버스 접근성 및 정류소 주변 환경	매우 불만족	4	0.4
	불만족	120	12.1
	보통	422	42.4
	만족	388	39.0
	매우 만족	61	6.1

〈표 7-25〉 연도별 시내버스 접근성 및 정류소 주변 환경에 대한 만족도

(단위 : 평균)

항목	전체	서울					
		2004년	2005년	2007년	2008년	2009년	2011년
집에서 정류소까지의 도로와 보도 정비 상태	3.20	3.01	3.02	3.32	3.27	3.43	3.10
정류소 주변의 보행환경	3.14	2.91	3.06	3.16	3.18	3.32	3.22
정류소의 간격	3.25	2.99	3.17	3.25	3.34	3.42	3.32
종합 만족도	3.26	3.11	3.05	3.29	3.32	3.40	3.38

연도별 시내버스 접근성 및 정류소 주변 환경에 대한 만족도를 살펴본 결과는 <표 7-25>에 나타나 있다. 2004년부터 2011년까지 총 6회에 걸쳐 조사한 결과, 2004년 평균 3.11이었던 시내버스 접근성 및 정류소 주변 환경에 대한 만족도는 2005년 평균 3.05로 떨어졌다가 2007년 평균 3.29에서 2009년 평균 3.40으로 증가하다가 2011년에는 평균 3.38로 조금 낮아졌다. 항목 중 정류소 간격에 대한 만족도가 2011년 기준 평균 3.32로 가장 높은 반면, 집에서 정류소까지의 도로와 보도 정비 상태의 평균은 3.10으로 가장 낮은 편이었다.

(8) 시내버스 환승에 대한 만족도

서울시가 2012년에 시내버스를 이용하는 시민들의 교통카드 이용패턴을 분석한 결과에 의하면 시내버스를 이용하는 서울시민 중 95%는 탑승시 교통카드로 결제하고 58%는 환승하는 것으로 나타났다. 시민 1인당 환승을 통한 교통비 절감효과는 연간 53만 원 정도로 조사됐다. 이 조사에 따르면 8월 현재 서울 시내버스에서 교통카드를 사용하는 비율은 95.4%로 2004년 82.5%에서 2008년 90%를 넘어 지속적으로 증가해 왔다.

특히 교통카드를 이용해 시내버스에서 시내버스나 광역·마을버스, 지하철 등으로 환승하는 시민은 58.2%로 3명 중 2명 정도가 환승하고 있는 것으로 나타났다. 환승 인원 중 1회 환승 비율은 84.6%, 2회 이상은 16.4%였다. 교통카드 가운데 교통카드 기능이 있는 후불 신용카드 사용률은 63.4%, 선불카드

는 나머지 36.6%로 조사됐다.

이번 조사에서 특별한 행사가 없는 평일이었던 9월 27일 기준으로 분석한 결과 시내버스에 탑승해 환승을 포함해 한 번에 가장 멀리 이용한 거리는 74㎞였고 하루 동안 가장 많이 이용한 횟수는 29회였다. 또 하루 최대 이용금액은 3만7440원, 최다 이용 인원은 120명인 것으로 나타났다. 시는 시내버스 카드 이용이 보편화됨에 따라 하차 시에 빠르게 이용할 수 있도록 현재 64% 수준인 하차단말기 2대 설치 비율을 내년까지 100%로 늘릴 계획이다. 권오혁 서울시 버스정책과장은 "앞으로도 시민들의 시내버스 이용패턴을 지속적으로 분석하고 불편한 점을 꼼꼼히 파악해 시내버스 시스템과 서비스를 개선해 나가겠다"고 말했다.

시내버스 환승에 대한 항목별 만족도는 <표 7-26>에 제시되어있다. 우선 시내버스 환승 영역별 3개 항목에 대해 살펴보면, 다른 버스와의 환승거리에서는 보통이 37.0%로 가장 많았고, 만족과 매우 만족이 43.1%, 불만족과 매우 불만족이 20.0%로 나타났다. 지하철과의 환승거리에서도 보통이 36.5%로 가장 많았고, 만족과 매우 만족이 47.4%, 불만족과 매우 불만족이 16.2%로 나타났다. 환승 요금제도에서는 매우 만족이 32.9%, 만족 30.4%로 응답자의 63.3%가 만족하는 편으로 나타났다. 보통이 26.8%로 가장 많았고, 불만족과 매우 불만족이 9.9%로 나타났다.

시내버스 환승에 대한 만족도는 <표 7-27>과 같다. 시내버스 환승에 대해 만족한다고 응답한 사람은 46.4%, 매우 만족은 11.6%로 나타나 응답자의 1/2 이상이 만족하고 있음을 알 수 있다. 보통은 34.1%, 불만족과 매우 불만족은 7.9%로 나타났다.

연도별 시내버스 환승에 대한 만족도를 살펴본 결과는 <표 7-28>에 나타나 있다. 2004년부터 2011년까지 총 6회에 걸쳐 조사한 결과, 2004년 평균 3.14였던 시내버스 환승에 대한 만족도는 매년 꾸준히 증가하여 2009년 평균 3.62에서 2011년에는 평균 3.61로 약간 떨어졌다. 항목 중 환승 요금제도에 대한 만족도가 2011년 기준 평균 3.84로 가장 높은 반면, 다른 버스와의 환승거리는 평균은 3.32로 가장 낮았다.

〈표 7-26〉 시내버스 환승에 대한 항목별 만족도

(n=995)

구분		빈도	%
다른 버스와의 환승거리	매우 불만족	37	3.7
	불만족	162	16.3
	보통	368	37.0
	만족	305	30.7
	매우 만족	123	12.4
지하철과의 환승거리	매우 불만족	33	3.3
	불만족	128	12.9
	보통	363	36.5
	만족	352	35.4
	매우 만족	119	12.0
환승 요금제도	매우 불만족	18	1.8
	불만족	81	8.1
	보통	267	26.8
	만족	302	30.4
	매우 만족	327	32.9

〈표 7-27〉 시내버스 환승에 대한 만족도

(n=995)

구분		빈도	%
시내버스 환승	매우 불만족	6	0.6
	불만족	73	7.3
	보통	339	34.1
	만족	462	46.4
	매우 만족	115	11.6

〈표 7-28〉 연도별 시내버스 환승에 대한 만족도

(단위 : 평균)

항목	전체	서울					
		2004년	2005년	2007년	2008년	2009년	2011년
다른 버스와의 환승거리	3.24	2.95	3.11	3.27	3.39	3.42	3.32
지하철과의 환승거리	3.81	2.89	3.11	3.22	3.17	3.29	3.40
환승 요금제도	3.76	-	3.54	3.73	3.76	3.92	3.84
종합 만족도	3.47	3.14	3.40	3.48	3.52	3.62	3.61

(9) 대중교통체계에 대한 만족도

대중교통체계에 대한 항목별 만족도는 <표 7-29>에 제시되어있다. 우선 대중교통체계 영역별 4개 항목에 대해 살펴보면, 목적지까지의 연결 노선체계에서는 보통이 38.3%로 가장 많았고, 만족과 매우 만족이 41.1%, 불만족과 매우 불만족이 20.7%로 나타났다. 버스전용차로제도의 운영에서는 만족이 35.7%, 매우 만족 19.8%로 약 1/2 이상의 응답자들이 만족하는 것으로 나타났다. 보통이 31.2%, 불만족과 매우 불만족이 13.4%로 나타났다. 버스전용차로 위반차량의 단속에서는 보통이 45.8%로 가장 많았고, 만족과 매우 만족이 36.9%, 불만족과 매우 불만족이 17.3%로 나타났다. 버스카드 구입 및 충전의 용이성에서는 보통이 36.7%로 가장 많았고, 만족과 매우 만족이 44.7%, 불만족과 매우 불만족이 18.7%로 나타났다.

〈표 7-29〉 대중교통체계에 대한 항목별 만족도

(n=995)

구분		빈도	%
목적지까지의 연결 노선체계	매우 불만족	38	3.8
	불만족	168	16.9
	보통	381	38.3
	만족	303	30.5
	매우 만족	105	10.6

구분		빈도	%
버스전용차로제도 운영	매우 불만족	17	1.7
	불만족	116	11.7
	보통	310	31.2
	만족	355	35.7
	매우 만족	197	19.8
버스전용차로 위반차량의 단속	매우 불만족	24	2.4
	불만족	148	14.9
	보통	456	45.8
	만족	266	26.7
	매우 만족	101	10.2
버스카드 구입 및 충전의 용이성	매우 불만족	36	3.6
	불만족	150	15.1
	보통	365	36.7
	만족	301	30.3
	매우 만족	143	14.4

대중교통체계에 대한 만족도는 <표 7-30>과 같다. 대중교통체계에 대해 만족한다고 응답한 사람은 43.3%, 매우 만족은 8.6%로 나타나 응답자의 1/2 이상이 만족하고 있음을 알 수 있다. 보통은 38.3%, 불만족과 매우 불만족은 9.7%로 나타났다.

〈표 7-30〉 대중교통체계에 대한 만족도

(n=995)

구분		빈도	%
대중교통체계	매우 불만족	6	0.6
	불만족	91	9.1
	보통	381	38.3
	만족	431	43.3
	매우 만족	86	8.6

연도별 대중교통체계에 대한 만족도를 살펴본 결과는 <표 7-31>에 나타나 있다. 2004년부터 2011년까지 총 6회에 걸쳐 조사한 결과, 2004년 평균 3.02였던 대중교통체계에 대한 만족도는 매년 꾸준히 증가하여 2009년 평균 3.55에서 2011년에는 평균 3.50으로 약간 떨어졌다. 항목 중 버스전용차로제도의 운영에 대한 만족도가 2011년 기준 평균 3.60으로 가장 높은 반면, 목적지까지의 연결 노선체계와 버스전용차로 위반차량의 단속에서는 평균이 각각 3.27로 가장 낮았다.

〈표 7-31〉 연도별 대중교통체계에 대한 만족도

(단위 : 평균)

항목	전체	서울					
		2004년	2005년	2007년	2008년	2009년	2011년
목적지까지의 연결 노선체계	3.27	2.98	3.22	3.31	3.36	3.46	3.27
버스전용차로제도 운영	3.59	3.25	3.62	3.66	3.71	3.69	3.60
버스전용차로 위반차량의 단속	3.20	–	2.96	3.15	3.25	3.39	3.27
버스카드 구입 및 충전의 용이성	3.95	3.15	3.36	3.19	3.31	3.49	3.37
종합 만족도	3.35	3.02	3.27	3.34	3.43	3.55	3.50

(10) 대중교통 관련 시의 정책에 대한 만족도

서울시가 대중교통 수단 분담률을 2016년 까지 63%에서 64.3%로 끌어올리기 위한 중장기 계획을 2012년에 마련했다. 수단 분담률이 1.3% 올라간다는 것은 하루에 대중교통 이용 건수가 40만건 늘어난다는 의미다. 서울시는 시민중심의 편리하고 지속가능한 대중교통을 위한 '제2차 대중교통계획'을 확정했다. 시는 합리적인 대중교통체계를 구축하고 편리한 서비스를 제공하기 위해 5년마다 대중교통계획을 수립해오고 있다.

중앙버스전용차로가 2016년까지 139㎞로 확대된다. 시는 자가용 승용차보다 대중교통을 이용할 때 더 빠르고 편리하게 이동할 수 있도록 만들어나갈 계획이다. 혼잡하거나 환승이 불편한 정류소는 확장·이전된다. 버스도착안내단말기(BIT)가 확대되고 쉘터와 노선도 등 정류소 환경도 편리하게 정비된다. 이를 통해 시는 지하철역과 버스정류소 환승거리가 평균 150m에서 100m로 줄어들도록 할 계획이다. 지하철에는 1역당 엘리베이터 1대 이상이 설치되고 가능한 모든 계단에 에스컬레이터가 설치될 예정이다.

교통약자의 이동편의를 위해 2016년까지 전체 시내버스의 55%인 4,053대가 저상버스로 교체된다. 장애인콜택시도 현재 360대에서 600대 이상으로 늘어나게 된다. 광역버스 등이 서울에서 외곽으로 나갈 때 정차 없이 이동하는 '공차회송버스' 등 수요 탄력적 운행방식도 확대될 예정이다. 교통수요를 관리하기 위해 교통유발 과다시설물에 부과하는 교통유발부담금을 ㎡당 350원에서 1000원으로 인상하는 방안도 추진된다.

이밖에 시가 매년 3000억 원 가량의 적자를 보전해 논란이 돼 온 버스 준공영제도에 대한 개선방안도 논의된다. 버스회사 평가제도와 경쟁 입찰제 대상 노선 확대, 마을버스 관리 강화 방안 등이 마련될 예정이다. 더불어 CNG 내압용기와 타이어 등에 대한 관리도 강화된다. 서울시 도시교통본부장은 "대중교통 이용 만족도를 85점까지 높이는 게 목표"라며 "제2차 대중교통계획이 마무리되는 2016년에는 누구나 대중교통을 이용해 시내 곳곳을 쉽게 찾아갈 수 있도록 체계를 구축하겠다"고 말했다(뉴시스, 2012년 12월 18일).

서울시는 서울 교통비전 2030(안)을 2013년 5월 23일에 발표했다. 그 안에 의하면 서울시는 2030년까지 승용차에 의존하지 않아도 편리하게 생활할 수 있는 도시로 진화한다. 보도면적이 지금보다 2배로 늘어나고, 시내 어디서나 공공자전거를 이용할 수 있게 된다. 또 보행자, 자전거, 자동차 등 모든 교통수단이 도로 공간을 함께 이용하는 완전도로가 도입된다. 이 계획에는 대중교통과 도로, 보행, 도시철도망 등 교통 분야 전반을 아우르는 장기 구상이 담겨져 있다. 서울시가 지난 1994년 제1차 교통정비기본계획을 수립한 이래 두 번째로 마련한 장기계획이다. 여기에 제시된 비전과 정책방향은 향후 20년 간 시가 수립하는 모든 교통계획과 정책의 근간이 된다.

이 계획을 통해 서울시는 교통정책의 중심 철학을 과거의 차량 · 소유 · 성장 중심에서 사람 · 공유 · 환경을 중시하는 쪽으로 바꿨다. 최근 급속히 진행되고 있는 인구 고령화, 삶의 질 제고에 대한 시민 가치관의 변화, 첨단 기술의 발달,

기후변화 및 에너지 고갈 등 최근 사회 · 문화적 변화 양상을 반영한 것이다. 서울시는 이를 위해 우선 보도 면적을 현재보다 2배로 늘리고, 시내버스를 100% 정상화하는 한편 교통사고를 대폭 줄이는 등 '사람 중심 교통'을 실현할 계획이다.

현재 1,013만㎡인 시내 보도면적을 2배로 늘리는 한편 세종로 등을 보행전용공간으로 전환하여 시내 곳곳으로 확대하는 등 보행자 우선의 교통 환경을 조성한다. 또 연세로에 시범조성 중인 '대중교통전용지구'를 확대하고 시내 관광, 문화, 쇼핑 등을 연결하는 프롬나드를 개발 및 조성하기로 했다. 파리 밸리브와 같이 시내 어디서나 자전거를 빌려 타고 이동할 수 있도록 공공자전거를 확대 운영한다. 또 현재 한강과 지천을 중심으로 구축되어 있는 자전거 도로망을 생활권역까지 확대하고 대중교통과의 연계를 강화하는 등 자전거가 중심인 생활환경을 조성할 계획이다. 이를 위해 현재 상암 · 여의도에서 운영되고 있는 공공자전거를 도심 주요 지점으로 우선 확대하고, 한강 및 각 자치구에서 개별적으로 운영되고 있는 자전거 대여서비스와의 연계도 추진한다.

보행자 교통사고의 70%가 13m 미만의 생활권 도로에서 발생하고 있는 점을 감안, 생활권 교통 환경을 종합적으로 정비한다. 2030년까지 서울 시내 모든 생활권 도로의 제한속도를 30km/h 이내로 제한해 교통사망사고를 획기적으로 줄일 예정이다. 서울시는 최근 차량과 차량 간의 통신, 제어가 가능한 무선통신기술(WAVE: Wireless Access in Vehicular Environments)이 개발됨에 따라 앞으로 이를 활용한 제어기법이 보편화 되어 차량에 보급되면 교통사고가 크게 감소할 것으로 전망된다.

주택가 불법 주차로 인한 보행자 교통사고를 줄이기 위해 장기적으로는 차량 구입 시 차고지 확보를 의무화하는 '차고지 증명제' 도입도 추진할 계획이다. 안전한 도로환경을 위협하는 교통법규 위반을 비롯해 도로 곳곳에서 발생하는 교통상황 정보를 실시간으로 수집 · 관리하기 위해 버스, 택시 등 공공차량을 활용한 동적관리시스템도 구축한다.

현재 전체 시내버스 중 27%(2,022대)를 차지하고 있는 저상버스를 100%로 늘려 교통약자, 일반인에 경계가 없는 무장애 교통 환경 및 서비스를 제공한다. 또 현재 뚝섬역 ~ 서울 숲 구간에 조성 중인 '무장애거리'를 시내 곳곳으로 확대해 나가는 한편 오는 7월부터 50대가 투입되는 일반택시를 활용한 장애인콜택시를 지속적으로 늘려 나가는 등 교통약자의 보편적 이동권을 확보할 예정이다. 또 '함께 이용하는 교통'을 실현하기 위해 지하철 · 버스 등 대중교통 체계를 효율적으로 재편하고, 도로 공간 · 차량 등을 나눠 쓰는 공유문화를 교통 전반에 정착시킬 계획이다.

KTX 노선 및 수도권 광역급행철도 등을 통한 철도 중심 교통 체계 구축, 버스 노선의 철도 지원형 지 · 간선 체계 등을 통한 빠르고 편리한 대중교통 서비스 제공, 도로 공간, 교통수단 등을 함께 이용하는 공유교통 활성화 등도 추진된다. 이와 함께 2030년까지 도심 승용차 분담률을 18.4%에서 10%로 낮추고 대중교통의 친환경 차량 비율 100%, 간선도로 내 혼잡구간 비율 낮추기(19% → 10%) 등을 통해 환경을 배려하는 교통을 구현할 예정이다.

또 차량이 이동한 거리만큼 통행요금을 부과하는 주행거리 기반의 혼잡요금제도를 도입하고, 도심에 주차장이 없는(Zero) 대형시설물을 도입하는 등 불필요한 이동을 줄이는 '이동저감사회'를 만들 예정이다. 재택근무, 스마트워크 등 유연근무제 확대를 통해 특정시간대에 집중되는 차량을 분산시키고 출 · 퇴근, 출장 등의 업무통행을 줄임으로써 합리적인 자동차 이용 문화를 정착시킨다. 교통수단 · 시설의 친환경성 강화, 막힘없고 단절 없는 도로 환경 조성, 교통예 · 경보시스템 고도화, 시민 주도의 '교통문화 선진도시' 조성 등도 추진된다.

서울시는 이 같은 내용을 차질 없이 추진해 2030년까지 승용차 통행량과 평균 대중교통 통근시간을 30% 가량 각각 단축하고 녹색교통수단의 이용면적 비율을 30% 확대한다는 방침이다. 이로 인해 2030년에는 보행 · 자전거 · 대중교통 등 녹색교통수단 분담률이 현재 70% → 80%까지 올라가고, 1인 당 온실가스배출량은 현재 1.2톤/년 → 0.8톤/년으로 줄어들 것으로 기대하고 있다.

윤준병 서울시 도시교통본부장은 "혼잡하고 불편했던 서울 교통은 지난 20년 사이 세계가 부러워하는 교통선진도시로 발돋움 했다."며 "이번에 마련된 비전이 서울 교통의 새로운 미래 20년을 이끄는 나침반이 되어 계획이 마무리되는 2030년에는 승용차에 의존하지 않아도 편리하게 생활할 수 있는 '서울교통특별시'로 진화할 것으로 기대한다."고 말했다(아시아경제, 2013년 5월 23일).

포천시도 '저탄소 녹색성장'의 국가비전에 발맞추고 시민이 행복한 교통정책을 추진하기 위해 시민이 공감하는 대중교통 시책 추진, 안전하고 편리한 교통 환경 조성, 불법주정차 단속 및 주차장 운영으로 교통질서 확립, 친절하고 신속한 자동차 등록민원 서비스 제공, 우범지역 가로(보안)등 설치 관리 등 교통정책을 추진하고 있다.

2013년 포천시는 선진시내버스 등 3개 업체에서 여러 개의 노선으로 운영되는 104개 가지노선을 55개의 주노선과 순환노선 체계로 개편해 중복운행 노선을 최소화하고 폐선에 대한 순환버스 운행, 배차시간 조정 등 대중교통 체계로 버스노선을 개편 정비했다. 그 동안 광역버스노선인 3100(대진대~양재동), 3200(대진대~왕십리)을 통해 강남 및 서울중심으로 신속하게 이동할 수 있는 버스노선을 운행해 왔으며, 올해부터는 3100번 버스를 계통 분리해 신읍동까지 연장운행 하는 등 불합리한 버스노선을 지속적으로 정비해 가고 있다. 또한 포천시는 서울시보다 면적이 1.4배 크고 도농복합형 도시로 교통 취약지역이 많아 대중교통 접근성 제고를 위해 운수업체들이 운행을 기피하는 지역에 총 26대의 공영버스 및 벽지노선버스를 운행하고 있다. 대중교통인프라 구축을 위해 버스정보시스템을 구축하여 버스정보센터를 운영 중이며, 버스정류장 버스안내단말기(BIT)를 2012년까지 182개소를 설치했고 2013년에는 6억 원을 투자해 9월까지 50개 정류소에 추가 설치 운영해 버스도착 예정시간 및 운행정보를 실시간으로 제공해 버스 이용편의 도모 및 대중교통 이용 활성화를 추진하고 있다. 대중교통을 통한 교통약자의 이동편의 증진 및 사회참여 확대를 위해 저상버스 2대의 구입비를 지원해 저상버스 9대, 장애인콜택시 4대가 운영되고 있다. 포천시는 안전하고 편리한 교통 환경 조성을 위해 상반기 중 반사경 152개, 중앙분리대 175m, CCTV 28개소, 시선유도봉 1,250개, 버스승강장 18개소, 우범지역 보안등 165개소, 노후 가로(보안)등 667개소의 교통안전 시설물을 설치해 시민의 불편사항 해소 및 깨끗한 도시환경을 조성했다. 또한 교통신호 대기시간 감축으로 교통체증 해소를 위한 '회전교차로 설치사업'을 추진에 있으며, 관내 주요교차로에 전력수급 불안으로 인한 대규모 정전사태와 여름철 낙뢰 및 집중호우를 비롯한 정전으로 인한 교통대란과 사고를 예방하고자 축석검문소 등 7개소에 '교통신호기 무정전전원장치'를 7월까지 설치해 운영할 예정이다.

관내 불법 주정차 단속은 7개 읍 · 면 · 동 48개구간(13.6km), 어린이보호구역 54개소 구간에 고정형 CCTV 20대 및 이동형(차량) 2대를 이용하여 동절기(11월~2월) 07:00~18:00, 하절기(3월~10월) 07:00 ~ 18:30에 불법주정차지도단속을 실시, 유료주차장 10개소, 무료주차장 23개소를 운영해 원활한 교통소통은 물론 법질서 확립에 최선을 다하고 있다. 시청소재지인 포천동의 주정차문제로 불편을 겪는 시민들과 왕방산을 찾는 등산객들에게 주차장 편의를 도모하고자 올해 토지매입과 도시계획시설결정을 거쳐 2014년 8월에 주차장을 개방할 예정으로 준비 중에 있다.

자동차, 건설기계의 신규 및 이전 등록시 친절하고 신속한 one-stop 민원처리로 시민만족 행정을 구현하고 또한 행정봉사위원이 차량등록민원실에 상주해 대민행정 서비스 제공으로 시민이 감동받을 수 있는 공감행정을 운영하고 있다. 매년 증가하고 있는 과태료 발생을 사전에 차단하기 위해 자동차보험 및 검사만기 이전에 사전안내 문자 메시지를 발송해 자동차관련 체납 일소대책을 추진하고 있다. 포천시는 그간 대중교통 활성화와 교통정책을 꾸준히 개선한 결과 '2013년 경기도 교통대책 종합평가 우수기관'으로 선정돼 지난 6월 3일 경기도지사로부터 기관표창을 받은바 있다.

포천시장은 "시대변화에 능동적으로 대처하지 않으면 시민과 소통하는 공감행정을 할 수 없다는 생각으로 시민의 입장에서 역지사지하는 생각의 전환으로 600년의 포천, 새롭게 비상하는 해를 맞아 시민중심 행복도시 포천건설에 최선을 다해 나갈 것"이라고 밝혔다(경원일보, 2013년 7월 12일).

대중교통 관련 시의 정책에 대한 항목별 만족도는 <표 7-32>에 제시되어있다. 우선 대중교통 관련 시의 정책 영역별 5개 항목에 대해 살펴보면, 대중교통 정책을 지지한다 에서는 만족이 34.2%, 매우 만족 18.3%로 약 1/2 이상의 응답자들이 만족하는 것으로 나타났다. 다음 보통이 31.5%, 불만족과 매우 불만족이 16.1%로 나타났다. 버스전용차로제의 확대를 지지한다 에서도 만족이 37.3%, 매우 만족 22.5%로 대중교통 정책을 지지한다와 마찬가지로 1/2 이상의 응답자들이 만족하는 것으로 나타났다. 보통이 27.9%, 불만족과 매우 불만족이 12.3%로 나타났다. 승용차요일제의 확대를 지지한다 에서도 만족이 36.7%, 매우 만족 20.5%로 1/2 이상의 응답자들이 만족하는 것으로 나타났다. 다음 보통이 33.3%, 불만족과 매우 불만족이 9.5%로 나타났다. 혼잡이 극심한 도심내 승용차진입 제한을 지지한다에서도 만족이 35.7%, 매우 만족 19.5%로 1/2 이상의 응답자들이 만족하는 것으로 나타났다. 다음 보통이 34.7%, 불만족과 매우 불만족이 10.1%로 나타났다. 현재 대중교통 운영 상태에 대해 만족한다에서는 보통이 36.5%로 가장 많았고, 만족과 매우 만족이 54.2%, 불만족과 매우 불만족이 9.3%로 나타났다. 서울 시민 중 과반수는 현재 서울시의 대중교통 관련 정책에 만족하고 있는 것으로 밝혀졌다.

〈표 7-32〉 대중교통 관련 시의 정책에 대한 항목별 만족도

(n=995)

구분		빈도	%
대중교통 정책을 지지한다	매우 불만족	28	2.8
	불만족	132	13.3
	보통	313	31.5
	만족	340	34.2
	매우 만족	182	18.3
버스전용차로제의 확대를 지지한다	매우 불만족	21	2.1
	불만족	101	10.2
	보통	278	27.9
	만족	371	37.3
	매우 만족	224	22.5
승용차요일제의 확대를 지지한다	매우 불만족	15	1.5
	불만족	80	8.0
	보통	331	33.3
	만족	365	36.7
	매우 불만족	204	20.5
혼잡이 극심한 도심내 승용차진입 제한을 지지한다	매우 불만족	25	2.5
	불만족	76	7.6
	보통	345	34.7
	만족	355	35.7
	매우 만족	194	19.5
현재 대중교통 운영 상태에 대해 만족한다	매우 불만족	16	1.6
	불만족	77	7.7
	보통	363	36.5
	만족	350	35.2
	매우 만족	189	19.0

연도별 대중교통 관련 시의 정책에 대한 만족도는 <표 7-33>과 같다. 2008년, 2009년, 2011년의 조사결과를 비교해 보면, 대중교통 정책을 지지한다 에서는 2008년 평균 3.77, 2009년 평균 3.82로 상승하였다가 2011년 평균 3.52로 떨어짐을 알 수 있다. 버스전용차로제의 확대를 지지한다는 2008년과 2009년 평균 3.84로 동일하다가 2011년 평균 3.68로 낮아졌다. 승용차요일제의 확대를 지지한다는 2008년 평균 3.69, 2009년 평균 3.78로 상승하였다가 2011년 평균 3.67로 낮아졌다. 혼잡이 극심한 도심내 승용차진입 제한을 지지한다도 2008년 평균 3.61, 2009년 평균 3.70으로 상승하였다가 2011년 평균 3.62로 낮아졌다. 현재 대중교통 운영 상태를 만족한다도 2008년 평균 3.50, 2009년 평균 3.67으로 상승하였다가 2011년 평균 3.62로 낮아졌다. 2011년에는 대중교통 관련 시의 모든 정책의 만족도가 전년에 비해 낮아졌음을 알 수 있다.

〈표 7-33〉 연도별 대중교통 관련 시의 정책에 대한 만족도

(단위: 평균)

구분	2008년	2009년	2011년
대중교통 정책을 지지한다	3.77	3.82	3.52
버스전용차로제의 확대를 지지한다	3.84	3.84	3.68
승용차요일제의 확대를 지지한다	3.69	3.78	3.67
혼잡이 극심한 도심내 승용차진입 제한을 지지한다	3.61	3.70	3.62
현재 대중교통 운영상태에 대해 만족한다	3.50	3.67	3.62

(11) 대중교통 전반에 대한 평가

〈표 7-34〉 대중교통 전반에 대한 만족도

구분	빈도	%
매우 불만족	4	0.4
불만족	66	6.6
보통	401	40.3
만족	467	46.9
매우 만족	57	5.7
계	995	100.0

대중교통 전반에 대한 만족도는 <표 7-34>에 제시되어 있다. 대중교통에 대해 만족한다고 응답한 사람은 46.9%이고, 매우 만족도 5.7%로 응답자의 1/2이 대중교통 전반에 대해 만족하고 있는 것으로 보인다. 다음으로 보통 40.3%, 불만족은 6.6%, 매우 불만족은 0.4%의 순으로 나타났다.

(12) 대중교통에 대한 타 도시와의 비교평가

대중교통에 대한 다른 도시와의 비교평가는 <표 7-35>에 제시되어 있다. 다른 도시에 비해 대중교통이 약간 잘 되어있는 편이라고 응답한 사람은 34.5%이고, 월등하게 잘 되어 있다는 사람은 15.1%으로 응답자의 1/2는 서울시의 대중교통이 잘 되어 있는 편이라고 생각함을 알 수 있다. 보통이라고 응답한 사람은 32.3%, 약간 뒤떨어져 있다는 16.9%, 매우 뒤떨어져 있다는 1.3%이었다.

〈표 7-35〉 대중교통에 대한 다른 도시와의 비교평가

구분	빈도	%
매우 뒤떨어져 있다	13	1.3
약간 뒤떨어져 있다	168	16.9
보통이다	321	32.3
약간 잘 되어있는 편이다	343	34.5
월등하게 잘 되어있다	150	15.1
계	995	100.0

(13) 영역별 종합만족도

시내버스 운전기사, 시내버스 차량시설, 시내버스 정류소 시설, 시내버스 안내체계, 시내버스 운행실태, 시내버스 안전운행, 시내버스 접근성 및 정류소 주변 환경, 시내버스 환승, 대중교통체계 등의 영역에 대한 연도별 종합만족도는 <표 7-36>에 제시되어 있다. 전체 평균으로 비교를 해보면 시내버스 환승에 대한 만족도의 평균이 3.46으로 가장 높고, 다음으로 시내버스 차량시설

과 대중교통체계가 평균 각각 3.35, 시내버스 운전기사 평균 3.30으로 높게 나타난 반면 시내버스 정류소 시설의 평균은 2.84로 가장 낮게 나타났다. 2011년 기준으로도 시내버스 환승이 평균 3.61로 가장 높았고, 다음으로는 버스 안내체계와 대중교통체계가 평균 각각 3.50, 시내버스 차량시설 평균 3.47로 그 뒤를 따랐다. 가장 낮은 영역은 평균 3.13으로 시내버스 정류소 시설이며, 이 영역은 2004년부터 2011년까지 평균이 가장 낮은 영역에 속했다.

〈표 7-36〉 연도별 9개 영역에 대한 종합 만족도 비교

(단위: 평균)

구분	평균	2004년	2005년	2007년	2008년	2009년	2011년
시내버스 운전기사	3.30	3.20	3.07	3.23	3.37	3.49	3.45
시내버스 차량시설	3.35	3.21	3.24	3.36	3.40	3.42	3.47
시내버스 정류소 시설	2.84	2.71	2.85	2.66	2.77	2.93	3.13
시내버스 안내체계	3.29	3.04	3.19	3.23	3.31	3.44	3.50
시내버스 운행실태	3.14	3.04	3.06	3.13	3.09	3.18	3.34
시내버스 안전운행	3.22	3.03	3.25	3.25	3.18	3.26	3.37
시내버스 접근성 및 정류소 주변 환경	3.26	3.11	3.05	3.29	3.32	3.40	3.38
시내버스 환승	3.46	3.14	3.40	3.48	3.52	3.62	3.61
대중교통체계	3.35	3.02	3.27	3.34	3.43	3.55	3.50

4. 소결

대중교통에 대한 서울시민들의 만족도를 조사한 결과를 바탕으로 만족도가 낮은 항목에 대해서는 그 원인을 파악하고 개선하기 위한 제도적, 행정적 노력이 지속적으로 이루어져야 할 것으로 보인다. 서울시민들이 서울시의 대중교통 정책에 대한 만족도가 높은 만큼 '대중교통중심의 도시' 서울을 만들기 위한 꾸준한 노력과 새로운 시도를 통해 도시의 대중교통 체계를 한 단계 높여나가야 할 것이다. 이번 조사결과를 통해 다음의 안건을 제시하고자 한다.

첫째, 현재 다양한 방식으로 대중교통 서비스에 대한 평가와 만족도 조사가

이루어지고 있는데, 앞으로도 이를 지속적으로 조사함으로써 보다 광범위한 만족도 조사와 서비스 평가가 이루어져야 할 것이다. 현재 서울시에서 버스업체에 인센티브를 부여하기 위해 서비스 평가를 하고 있으나 그 결과가 일반 시민에게 공개되지 않고 있고, 시민사회단체들과 함께 진행 과정이나 결과를 공유하고 있지 못해 아쉬움이 남는다. 추후에는 보다 투명한 대중교통 서비스 평가가 이루어지기 위해 일반 시민과 여러 시민단체가 더불어 참여하여 과정을 평가하고, 결과를 대중에게 공개하였으면 한다.

둘째, 시민들의 대중교통 이용 활성화를 위해 대중교통 이용이 제공하는 여러 가지 장점을 적극적으로 홍보하여, 대중교통의 편리성을 시민들이 인식할 수 있게 꾸준히 만들어 주어야 하겠다. 본 조사결과에서도 최근에 자가승용차를 이용하다가 대중교통으로 전환했다는 사람이 236명(23.7%)이었다. 물론 그 원인으로 최근의 유가 상승으로 유류비의 부담도 있겠지만, 매년 꾸준히 상승하는 대중교통에 대한 편리성과 만족도의 상승이 대중교통의 이용에 일부 기여했다고도 볼 수 있을 것이다. 그러므로 시에서는 대중교통 서비스의 개선을 위해 끊임없이 교통관련 정책을 개발하고, 만족도가 높은 제도는 더욱 확산시켜 나가야 할 것이다.

셋째, 이번 조사에서 불만족이 높은 영역 중 하나는 시내버스 정류소 시설이었다. 버스전용차로의 확대로 도로 중앙에 정류소가 있는 경우, 도로와 정류소 사이에 안전대가 없어 사고의 위험이 있으며, 양 도로 사이에서 나오는 매연으로 인해 이용객들의 불편이 큰 편이었다. 그리고 불규칙한 배차간격으로 대기시간이 지연될 때 정류소의 좌석 부족으로 편리하게 대기할 수 없는 것이 현실이다. 그러므로 버스 정류소의 환경을 개선하려는 시의 노력이 필요할 것이고, 더불어서 버스회사에서도 배차간격을 일정하게 유지하고, 준수하려는 노력이 요구된다고 볼 수 있다. 결국 정류소에 머무르는 대기시간을 줄이기 위해서는 버스의 운행대수를 늘려 배차간격을 줄이는 방법이 가장 현명할 것이라고 본다.

넷째, 대중교통 운행 서비스에 대한 개선이 이루어져 안전운행이 가능하도록 하는 대책이 요구된다. 대부분 출·퇴근시간대에 이용수요가 많기 때문에, 운행횟수를 늘리고는 있지만 다른 시간대에 비해 이용수요가 매우 집중되어 있다는 점을 고려하면 사실상 운행 서비스가 효율적으로 이루어지지 못하고 있다. 특히 광역버스의 경우, 고속도로 통행시 이용승객의 안전문제가 우려되고 있다. 현행 법제도하에서는 고속도로를 운행하는 광역버스는 입석승객을 태운채로 운행할 수 없지만, 실제로는 입석승객을 태우고 있는 것이 현실이다. 그리고 승객의 불편이 가중될까봐 시에서도 단속 등의 조치를 취하지 못하고 있다. 최근 정부에서는 광역급행버스(M버스)를 새로 도입하여 대응하고 있으나 제반문제를 해소하기에는 역부족인 상황에 처해 있다. 지하철 9호선의 경우에도 출·퇴근시간 이용수요 집중을 우려해 임시급행 지하철을 운행하고 있지만, 이 때문에 일반열차가 급행열차를 기다리거나 운행횟수의 감소로 일반 정차 역을 이용하는 승객의 불편이 가중되고 있다. 따라서 시민들이 안전하게 대중교통을 이용할 수 있도록 하는 제도의 개선이 요구되고 있다.

다섯째, 정부의 대중교통 재정지원에 대한 정확한 비용분석을 토대로 효율적인 재정지원이 이루어져야 한다. 한국운수산업연구원의 보고서에 따르면 2001년부터 2008년까지 8년간 버스교통에 지원된 지원금은 35,374억 원에 이르며, 이 중 약 26%가 국고로부터 지원되고, 나머지 74%는 지자체로부터 지원되었다. 2008년 버스교통에 지원된 재정지원금은 유류세를 포함해 11,885억원에 이르는데, 이러한 재정지원금은 버스이용자에게 1회 통행당 160원, 연간 국민 1인당 17,298원의 요금부담을 감소시키고, 운행노선 및 운행횟수 감축을 축소시키는 등의 서비스 개선효과를 제공하고 있다. 공급자에게는 수지적자를 축소시켜 2008년 운송수지적자의 57.1%를 충당하고 있으며, 이로 인해 요금부담완화로 이용수요이탈을 방지하여 수송수요기반을 안정화시키고 있다. 사회 전체에 미치는 효과로는 교통 혼잡 완화, 에너지 절약, 대기오염감소 등의 많은 영향을 미치고 있다. 이와 같이, 대중교통 재정에 대한 객관적인 분석을 통해 효율적인 재정의 분배와 지원이 이루어져야 한다.

참고문헌

강인호, 안형기, 김종수, 현근. (2001). 지방행정서비스에대한 주민만족도 분석: 경기도를 중심으로. 한국지방자치학회보, 13(1), 45-61.

경원일보. (2013). 포천시 시민이 공감하는 대중교통 시책 추진. 7월 12일.

경향신문. (2010). 식사·쇼핑까지 즐기는 복합 주유소 는다. 9월 1일.

경향신문. (2011). 고유가에도 주유소 감소하는 이유는?. 8월 15일.

경향신문. (2013). 전국에서 시내버스 요금이 가장 비싼 곳은?. 7월 16일.

공감코리아. (2013). 교통사고 예방을 위한 '자동차보험정책 국제워크숍' 개최. 5월 30일.

공정거래위원회. (2009). 현대모비스 부품대리점에 타사의 부품이 없었던 이유. 공감코리아 정책뉴스, 3월 19일.

교통안전공단. (2010). 주행거리실태 조사.

구동모. (2000). 사회, 개인규범, 행동결과중요성 지각이 환경친화제품구매 재활용 행동에 미치는 영향. 한국마케팅저널, 2, 86-113.

국가통합인증마크. http://www.kcmark.or.kr

국제소비자기구. http://www.consumerinternational.org

국토해양부. (2005). 자동차등록 현황 보고.

국토해양부. (2006). 자동차등록 현황 보고.

국토해양부. (2007). 자동차등록 현황 보고.

국토해양부. (2008). 자동차등록 현황 보고.

국토해양부. (2009). 자동차등록 현황 보고.

국토해양부. (2010). 자동차등록 현황 보고.

국토해양부. (2011). 자동차등록 현황 보고.

권대우. (2004). 교통의식을 기초로 한 대중교통 서비스 평가에 관한 연구. 영남대학교 대학원 박사학위논문.

금지헌. (2013). 교육대학교 재학생의 녹색소비자행동과 환경지식 및 환경태도의 관계. 대한가정학회지, 51(1), 89-95.

길혜준, 임호순, 김건하, 왕길항. (2012). 자동차 정비센터의 프로세스 단계별 서비스품질 평가에 대한 연구. 생산성논집(구 생산성연구), 26(1), 207-227.

김갑수, 도군섭, 권대우. (2002). 버스의 서비스평가 구조모형에 관한 연구. 대한교통학회지, 20(7), 135-142.

김경자. (2011). 녹색소비와 녹색소비자정보에 대한 소비자인식. 2011 한국생활과학회 동계학술대회 발표논문집, 159-160.

김계수, 박형권. (2000). 서비스 품질요인이 고객만족에 미치는 영향에 관한 연구: 주유소 서비스 품질을 중심으로. 품질경영학회지, 28(3), 31-43.

김성제, 조재립. (2009). 대중교통서비스의 평가속성에 관한 경험적 연구. 한국품질경영학회 추계학술발표논문집, 102-108.

김아연. (2011). 대중교통서비스의 접근성에 대한 환경적 형평성 분석: 대구시를 사례로. 경북대학교 교육대학원 석사학위논문.

김양보. (2005). 환경정의에 관한 연구: 제주국제공항 주변 지역의 사례. 제주대학교 대학원 석사학위논문.

김연규. (2003). 철도서비스 평가를 위한 항목 및 지표의 선정방안. 한국철도학회 2003년도 춘계학술대회 논문집.

김영석. (2007). SERVQUAL 모형을 이용한 수입자동차 정비서비스 품질 평가에 관한 연구: 메르세데스 벤츠 성산서비스센터의 사례를 중심으로. 서울시립대학교 대학원 석사학위논문.

김영신, 서정희, 송인숙, 이은희, 제미경. (2012). 소비자와 시장환경. 제4판. 시그마프레스.

김재익, 강승규, 권진휘. (2008). 대중교통서비스 취약계층의 공간적 분포 특성. 한국지리정보학회지, 11(2), 1-12.

김종호, 정형식. (1997). 소비자 리사이클링 행동의 영향 요인에 관한 연구: 의무적 리사이클링 제도의 시행과 관련하여. 마케팅연구, 12, 1-36.

김창호. (2005). 물리적 환경이 고객만족에 미치는 영향: 주유소의 분위기, 편의성, 접근성을 중심으로. 창업정보학회지, 8(4), 107-123.

김태수. (2000). 주유소 이용고객의 지각된 서비스 품질과 고객만족의 상관관계에 관한 연구. 충남대학교 대학원 석사학위논문.

김형규. (2001). 소비자의 주유소 선택에 영향을 미치는 요인에 관한 연구. 단국대학교 대학원 석사학위논문.

김효정. (2011). 대학생소비자의 라이프스타일에 따른 녹색소비행동에 관한 연구. 한국생활과학회지, 20(6), 1-17.

네이버 지식백과 지식경제용어사전. http://www.naver.com

노시학. (1996). 도시교통의 사회적 영향. 한국지역지리학회지, 2(2), 37-47.

노영화. (1998). 환경상품의 표시 광고에 관한 정책 건의. 한국소비자원 내부 자료.

농민신문. (2011). 유류값 선도 'NH-OIL' 주유소. 8월 8일.

뉴스타운. (2013). 영세사업자·장애인 자동차수리 지원 열렸다. 4월 25일.

뉴시스. (2012). 서울시 "대중교통 수단분담률 64.3%로 끌어올린다". 12월 18일.

머니투데이. (2011). 증시 '봉이 김선달', 탄소배출권 팔다. 9월 20일.

문화일보. (2013). 보행 중 사망 OECD 2배... '스쿨존 30㎞/h 이하' 꼭 지켜야. 7월 12일.

문화저널21. (2012). 국내 유류비, OECD 평균에 2.4배? 1.4배?. 4월 4일.

박명희. (2002). 소비자의사결정론 2판, 학현사.
박성용. (2004). 부당한 표시행위 규제기준 제정에 관한 연구. 한국소비자원.
박소영. (2006). 지각된 브랜드 품질이 고객만족, 브랜드 신뢰 및 브랜드 로열티에 미치는 영향에 관한 연구: 국내 정유시장을 중심으로. 연세대학교 대학원 석사학위논문.
박윤서, 이승인, 강삼필, 김용식. (2008). 소매점 서비스품질 측정을 위한 품질모형 비교 연구: 주유소 서비스를 중심으로. 마케팅관리연구, 13(3), 79-109.
박재묵. (2006). 환경정의 개념의 한계와 대안적 개념화. 환경사회학연구 ECO, 10(2), 75-114.
박종오, 박인선, 양창수. (2010). 자동차 정비서비스의 품질이 고객만족과 고객충성도에 미치는 영향. 서비스경영학회지, 11(5), 176-198.
박지영. (2008). 버스이용의 접근성 차이에 따른 교통 취약지 분석: 서울시 강동구 버스 이용자들 대상으로. 경희대학교 대학원 석사학위논문.
반영운. (2006). 미국 환경정의 운동의 동향과 그 시사점. 산업과학기술연구소 논문집, 20(1), 21-30.
배순영, 천현진 (2010). 소비자역량의 측정 및 평가, 서울, 한국소비자원.
배순영. (2010a). 녹색가정모델 개발. 한국소비자원 정책연구보고서.
배순영. (2010b). 녹색소비 인센티브제도의 문제점과 개선방안. 한국소비자원.
서울타임스. (2011). 서울 시내버스 기사들, 에코드라이버로 변신. 12월 12일.
서울파이낸스. (2013). 외제차 수리비, 국산차의 3.1배... 대폭 낮춰야. 6월 19일.
서지영. (2005). 규범이 환경행동에 영향을 미치는 과정. 심리과학연구, 4, 91-122.
서현진, 전병운. (2011). 대구시 도시근린공원의 접근성에 따른 환경적 형평성 분석. 한국지리정보학회지, 14(4), 221-237.
송학준, 이충기, 부숙진 (2011). 계획행동이론을 이용한 자연기반 축제의 방문행동 이해: 환경 친화적 관관 소비행동의 추가적 역할을 중심으로. 관광연구저널, 26(4), 21-38.
시티 신문. (2011). 녹색생활 실천에 생활비 절약까지 '그린카드' 대박 났네. 9월 20일.
신만섭. (2010). 주유소 특성과 정유사 특성이 고객평가와 충성도에 미치는 영향: 환경심리학 관점. 세종대학교 대학원 박사학위논문.
신재욱, 신민철. (2012). 녹색소비자 시장세분화 연구: 자아개념과 녹색소비주의 변인을 중심으로. 한국환경정책학회지, 20(4), 1-36.
심종섭, 전기홍. (2000). 지하철 이용만족도 결정요인에 관한 실증적 연구: 서울지역을 중심으로. 한국산학경영연구, 13, 49-66.
아시아경제. (2013). 교통지옥 서울, 2030년엔 교통천국 된다. 5월 23일.
아이뉴스24. (2011). 소시모 "기름 값 가장 비싼 곳은 SK에너지". 7월 15일.
안창년. (2003). 주유소 선택요인에 대한 만족도가 재구매 의도와 호의적 구전에 미치는 영향에 관한 연구. 연세대학교 대학원 석사학위논문.
양창수. (2009). 자동차정비 서비스품질이 고객만족 및 고객충성도에 미치는 영향에 관한 연구: 자동차정비 서비스업체를 중심으로. 중앙대학교 대학원 석사학위 논문.
에너지경제연구원. (2010). 에너지통계연보.

여주대학교 산업기술연구소. (2001). 자동차 정비사업체의 경영분석과 표준 작업시간 책정에 관한 연구.

연합뉴스. (2012). 감사원 "공정위, 담합정유사 과징금 축소". 5월 15일.

오규종. (2002). 지하철 이용고객의 만족도에 관한 연구. 중앙대학교 대학원 석사학위논문.

오마이뉴스. (2013). 도로의 '갑'을 피하라! 외제차 수리비 '잔혹사'. 6월 28일.

오영희. (2002). 자동차 정비서비스의 품질결정요인과 고객만족에 관한 연구. 제주대학교 대학원 석사학위 논문.

오진숙, 김정숙. (2009). 청소년소비자의 소비가치와 환경친화적 소비행동연구. 대한가정학회지, 47(10), 13-28.

유가정보서비스. http://www.opinet.co.kr

유연성, 임호순, 김연성. (2001). 자동차 애프터서비스 업계의 서비스품질 측정에 관한 연구. 품질경영학회지, 29(1), 173-183.

윤경준. (2009). 공공기관 친환경상품 구매정책평가. 한국정책학회 춘계학술대회.

윤성욱, 양연조, 노정구, 전중옥. (2006). 환경지식이 환경친화적 소비행동에 미치는 영향에 관한 연구. 마케팅관리연구, 11(3), 131-147.

윤성환. (2012). 자동차정비 서비스품이 고객만족, 고객신뢰 및 고객충성도에 미치는 영향. 국제지역연구, 16(4), 447-474.

윤영삼, 서용무. (2003). 국내의 자동차 정비서비스 센터 CRM 전략 도출을 위한 데이터 마이닝의 활용. 한국경영정보학회 2003 춘계학술대회 발표논문집, 607-614.

이경아, 황은애, 김성천. (2010). 녹색상품 구매 선택 정보 적정화 연구. 한국소비자원.

이경아, 황은애. (2009). 저탄소 소비관련 캠페인 동향 및 성과 제고 방안. 한국소비자원, 2009 소비자정책콜로키움 자료집.

이뉴스투데이. (2013). 자동차정비업 근본부터 바꾸겠다. 7월 18일.

이선규, 이웅희, 김영형. (2009). 소비자의 주유소 재방문의도에 영향을 미치는 요인에 관한 실증적 연구. 디지털정책연구, 7(3), 83-92.

이아름, 허은정, 전향란. (2012). 서비스 관여도에 따른 소비자 만족이 충성도에 미치는 영향: 주유소 서비스를 중심으로. 한국생활과학회지, 21(2), 241-156.

이양수. (2009). 친환경 행동의 근원과 경로분석. 한국행정논집, 21, 1057-1083.

이종찬. (2000). 주유소 서비스품질과 정유사 선호도가 만족과 재이용의사에 미치는 영향에 관한 연구. 조선대학교 대학원 석사학위논문.

이준희. (1999). 한국 자동차 정비산업의 고객만족 영향요인에 대한 실증 연구. 중앙대학교 대학원 석사학위 논문.

인천일보. (2013). 안양시, 베스트 주유소 2곳 선정. 6월 19일.

임언, 최동선, 오은진 (2005). 한국의 성인직업기초능력, 한국직업능력개발원.

장유정, 박옥련, 하종경. (2006). 의복추구혜택이 환경의식과 환경친화적 소비행동에 미치는 영향. 한국의류산업학회지, 8(6), 639-646.

장재경. (2007). 주유소 고객의 만족도 제고를 위한 서비스품질에 관한 연구. 순천대학교 대학원 석사학위논문.
전자신문. (2013). T맵으로 경기도 버스교통정보 실시간 확인. 7월 22일.
정준영. (2000). 지하철 이용만족도 영향인자에 관한 고찰. 부산대학교 대학원 석사학위논문.
조병민. (2010). 소비자의 주유소 선택 동기에 관한 연구: 주유소 선택 동기가 소비자의 전반적 만족도와 구전의도에 미치는 영향을 중심으로. 단국대학교 대학원 석사학위논문.
조선비즈. (2013). 새부품 강조하던 현대기아차 정비소가 중고부품 쓰는 이유는. 7월 13일.
주간무역. (2013). 美 자동차 부품도 온라인에서 산다. 7월 12일.
중앙일보. (2013). 현대자동차, 고장 차 가져가 수리 후 택배 '홈투홈 서비스'. 7월 9일.
차경욱, 이은희, 유현정(2013). 제품에 표시된 녹색주장과 그린워싱 분석. 소비문화연구 16(3), 311-335.
최정은. (2009). 미 기업의 그린 비즈니스 성공사례, 대한무역투자진흥공사 동향/연구보고서.
통계청. (2005). 사회조사.
통계청. (2005). 인구주택총조사.
통계청. (2006). 장래인구추계.
통계청. (2008). 사회총조사.
통계청. (2010). 사회조사.
통계청. (2010). 인구주택총조사.
통계청. (2011). 녹색생활조사.
통계청. (2011). 녹색생활지표.
한국경제. (2013). 대경대학교 - 코레일, '공연문화로 녹색철도운동 홍보'. 6월 19일.
한국경제. (2013). 리콜과 무상수리의 '오묘한' 차이. 6월 25일.
한국금융신문. (2013). 국토부, 보험사 - 정비업체간 '상생협력' 추진. 7월 18일.
한국녹색구매네트워크. http://www.gpn.or.kr
한국주유소협회. http://www.ikosa.or.kr
황은애, 이경아. (2010). 녹색소비역량 평가조사. 한국소비자원 정책연구 보고서.
황정훈, 김갑수, 전종훈. (2006). 대구시 대중교통체계 개편에 따른 이용자 통행패턴 및 시내버스 서비스 만족도 분석. 대한교통학회지, 24(7), 53-62.
Ceder, A. (2004). New Urban Public Transportation System: Initiatives, Effectiveness and Challenges. Journal of Urban Planning & Development, 130(1), 56-65.
Cronin, J. J. Jr. & Taylor, S. A. (1992). Measuring Service Quality: A Reexamination and Extension. Journal of Marketing, 56(3), 55-68.
Defra. (2007). Promoting the sustainable consumption.
Devaraj, S., Matta, K. F., & Conlon, E. (2001). Product and service Quality: The Antecedents of Customer Loyalty in the Automative Industry. Production & Operations Management, 10(4), 424-439.
Executive Order 13101. (1998). Greening the Government Through Waste Prevention, Recycling, and Federal Acquisition, Federal Register. 63(179), 49643-49651.

Hensher, D. A., Stopher, P., & Bullock, P. (2003). Service quality-developing a service quality index in the provision of commercial bus contracts. Transportation Research Part A, 37, 499-517.

Jen, W., & Hu, Kai-chieh. (2003). Application of perceived value model to identify factors affecting passengers' repurchase intentions on city bus: A case of the Taipai metropolitan area. Transportation, 30, 307-327.

Min, H. & Galle, W. P. (2001). Green purchasing practices US firms. International Journal of Operations & Production Management, 21(9), 1222-1223.

Nordlund, A. M. & Garvill, J. (2003). Effect of values, problem awareness, and personal norm on willingness to reduce personal car use. Journal of Environmental Psychology, 23(4), 339-347.

OECD. (2003). Definition and Selection of Competencies(DeSeCo): Theoretical and Conceptual Foundations - Strategy Paper. OECD Press.

Schwartz, S. H. (1977). Normative influences on Altruism. In Advances in Experimental Social Psychology, 10, 221-279.

Smith R. E. & Wright W. F. (2004). Determinants of Customer Loyalty and Financial Performance. Journal of Management Accounting Research, 16, 183-205.

TerraChoice. (2009). The Seven Sins of Greenwashing, Summary Report.

Vlosky, R., Ozanne, L. K., & Fontenot, R. J. (1999). A Model of U.S. Consumer Willingness to Pay For Environmentally Certified Products. Journal of Consumer Marketing, 16(2), 122-140.